行动经管工具书
Action Business Publishing

# 从1到100的人才复制

汤筱君　李　践　著

REPLICATING FROM ONE TO ONE HUNDRED

電子工業出版社
Publishing House of Electronics Industry
北京·BEIJING

**图书在版编目（CIP）数据**

从 1 到 100 的人才复制 / 汤筱君，李践著. —北京：电子工业出版社，2018.7
ISBN 978-7-121-34338-4

Ⅰ. ①从… Ⅱ. ①汤… ②李… Ⅲ. ①企业管理－人才管理－研究 Ⅳ. ①F272.92

中国版本图书馆 CIP 数据核字(2018)第 120604 号

广告经营许可证号：京海工商广字第 0258 号

策划编辑：刘露明
责任编辑：刘淑敏
印　　刷：三河市双峰印刷装订有限公司
装　　订：三河市双峰印刷装订有限公司
出版发行：电子工业出版社
　　　　　北京市海淀区万寿路 173 信箱　　邮编 100036
开　　本：720×1000　1/16　印张：16.5　字数：176 千字
版　　次：2018 年 7 月第 1 版
印　　次：2018 年 8 月第 2 次印刷
定　　价：49.80 元

凡所购买电子工业出版社图书有缺损问题，请向购买书店调换。若书店售缺，请与本社发行部联系，联系及邮购电话：（010）88254888，88258888。

质量投诉请发邮件至 zlts@phei.com.cn，盗版侵权举报请发邮件至 dbqq@phei.com.cn。

本书咨询联系方式：（010）88254199，sjb@phei.com.cn。

# 作者序一

光阴荏苒，我经营企业已有32年。常常有人问我，李践老师你经营企业成功的最大秘诀是什么？

我的回答是两个字：**人才！**

显而易见，一个企业，能够做出好的产品，不断满足客户的需求，持续保持高增长，继而基业长青，这一切都来自人的创造。32年来我一直践行着“只有人才的成功才有企业的成功”的人才理念。

那么企业如何才能复制出自己想要的人才呢？

经过行动教育专家十余年的实践研发发现，企业要建立自己的人才复制系统。

举例来说，在行动教育，一个新员工进来了，通过新兵连人才复制，让新员工成为合格的员工；然后通过精兵连人才复制，让合格员工成为精兵；再通过大将营人才复制，让精兵成为中层骨干；最后，通过将帅营人才复制，让中层成为高管。循环往复，通过这套人才复制系统锻造出大量精兵强将。

行动教育从创立至今，已从 1 家分校复制到 32 家分校，每年为 3 万多位企业家提供优质服务，2017 年销售业绩逆势增长 60% 以上！我们能够创造这样的成绩，依靠的正是这套人才复制系统。

通过人才复制系统，不断地推动员工持续学习，把一个新员工培养成一个优秀人才；把一个优秀人才复制成几个、几十个、几百个优秀人才，提升业绩，降本增效……最后，你的企业必将赢得成功！

在搭建企业人才复制系统的过程中，我有三点体会。

**第一，一把手工程。**

一把手的参与程度直接决定着人才复制的成果，董事长就是校长，董事长要成为人才复制系统的推动者和支持者，而不是让人力资源部单兵作战。

**第二，让优秀的人当老师。**

只有优秀的人，才能培养出优秀的人；只有标杆，才能复制出标杆！

**第三，人才复制是一项系统的长期工程。**

人才复制要匹配企业文化和战略，同时要有相应保障机制，做成一项长期工程，坚持持续的学习、反省、改进，再学习、再反省、再改进，十年树木，百年树人，循环往复，持之以恒！

基于我们自身经验的总结，以及对标杆企业的研究，我们研发了“企业大学模式”这门课程。目前这门课程已帮助近万家企业构建人才复制系统，其中味千（中国）、西贝餐饮、兆妩和生、绿叶科技、奇盛科技、海利集团等已建成行业标杆商学院！而《从1到100的人才复制》这本书正是这门课程中精华知识的呈现，希望本书能帮助更多的企业建立人才复制系统，实效复制人才，真正实现企业发展的更大飞跃，实现持续盈利，基业长青！

# 作者序二

从事企业管理教育十多年，从一线服务到各级管理，从集团总部到地方创业，从上台授课到入企咨询，我发现：

- 让企业家最感头痛的人才问题不少，但真正有效解决的不多。
- 意识上重视人才培养的不少，但策略上落地实施的不多。
- 内训外训做了不少，但人才真正需到用时可用的不多。
- 市场上关于人才复制的课程与书籍不少，但让企业家能够“复制”的不多。

……

回想自己在行动教育的14个年头，亲历了公司从创业到上市，从上海到全国，从一家公司到30多家分（子）公司，业务一线拥有50多位中高级管理人员，近100位专业人才，超过1 000名员工；我们的人才复制系统也从最初的每日沟通能力提升会、师带徒到守护者教育基地，发展到今天的行动大学；尤其看到公司内部包括我本人在内的大多数中高层管理人员、专业人才的成长路径，我想：也许，我们的人才成功模式可以复制！

行动教育创业17年，服务海内外企业家超过13万人次，在培训辅导企业家及其高管提升管理能力，实现企业持续盈利之时，广大学员们对行动教育的人才培养与复制也表现出强烈的好奇与浓厚的兴趣。

基于此，公司在2013年推出“企业学习官”课程；在2014年12月，推出企业家的实效商学院系列课程——“校长汇”，其中专门针对董事长、总裁在育人方面的课程“企业大学模式”，入选“校长汇”十大必修课之一。

考虑到课程受众人数的局限性，我们最终决定将此课程内容编撰成书出版，与更多有需要的企业家朋友分享人才复制经验。

《从1到100的人才复制》与其说是一本书，倒不如说，更多的是行动教育在人才培养与复制方面的经验总结与探索，也是我们企业大学咨询事业部专家们在为企业提供人才培养、共建企业大学咨询服务时的心血结晶，更是我们战战兢兢、“丑媳妇见公婆”般呈现给广大行动教育客户的一份成绩单、一份满怀感恩之情的答谢礼。

同时，为了这份成绩单的完美、这份答谢礼的至臻至善，我们专家团将继续秉承行动教育一贯以来的教学及研发宗旨：实效第一、知行合一。讲我们所做、做我们所讲！

借着此书出版，我要感谢自己从事企业管理教育十多年来，一直关注我、支持我的人：

感谢行动教育董事长兼CEO李践老师，是他的信任，他的手把手教导，让我有机会从一线业务小伙伴成长为今天行动教育本土培养的专家导师代表；

感谢2005年我进行动教育的第一个“赢利模式”客户——长沙欧林雅服饰有限公司的杨秋良董事长；

感谢2009年我去青岛创办行动教育分公司时第一个给我开单的青岛征和工业金玉谟董事长。

感谢2014年第一位采购我们商学院咨询产品的客户西安恒洁卫浴王可刚董事长。

特别感谢为本书出版提供实操案例，也提供特别赞助的河南奇盛科技有限公司杜战胜总裁、广东昌华海利科技有限公司李儒昌董事长，感谢参与本书出版众筹的，由昆明圣爱中医馆董事长刘琼女士带领的中国企业家校长汇12期的校长们——陈燕胜、戴有国、屠英仙、任献珍、冯明红、陶方东、甘敏青、杨惠芳、王海春、吕春峰、肖文涛、陈岱军、郭志光、金容慧、付雷、曾元龙、马清雄、王秀丽、钟成发、王飞飞、马海波、孙博雅、李杰、肖国亮……回首十多年的行动教育职场路，要感谢的客户实在太多太多，感恩在心！

感谢我自加入行动教育以来，所有做过我领导、老师、同事的行动家人，我知道你们为了自己的梦想一直在行动。

感谢企业大学咨询事业部现在的、曾经在一起的专家团队：彼得·圣吉中国区合作伙伴、国际学习型组织研究员吴兆颐博士，熊启明老师，马妍老师，黄圣恩老师，林海老师，刘昊老师，宋晓丽老师，杨延光老师，杨茜老师……

感谢好书互联CEO张全全老师、羽翎老师，感谢你们为本书出版操碎了心！

最后，要感谢我的先生和儿子，是你们对我“无原则”的包容，对我作为一个太太、作为一个母亲的职责可以“忽略不计”，才让我在工作上能够全身心投入、在事业上略有起色。我承诺，从此以后我要合理安排时间与精力，趁心还未老，趁腿还能跑，趁有人能陪，趁阳光正好——还是拼命干活去！

汤筱君

# 前　言

世界上所有的竞争，归根结底都是人才的竞争。有人说，科技是第一生产力，然而科技为人所研发掌握；有人说，金融至关重要，但金融是高智商人才的游戏；有人说，资源弥足珍贵，可是资源为人所开发利用……

纵观浩浩荡荡的历史长河，我们不难发现，人才胜于一切！重视人才的美国成了世界第一强国，重视人才的通用电气成为世界上最强大的企业之一。古今能成就事业者，唯有人才！

近些年来，随着我国经济的发展，各行各业由粗放式增长变成精耕细作，单一的企业模式转向多元化，多元化的生产方式又开始精简方向，聚焦做龙头产品。但是无论选择什么样的发展模式，我们都需要大量的人才支持。

小米公司从0到1，从白手起家到行业第一，从无人知晓到家喻户晓，很多人认为诀窍在于其产品——超高性价比的小米手机。

但实际上，能做出好手机的并不只有小米一家，想要在手机行业打出一片天地的公司不少，为什么都没有小米成功？

最关键、最核心的，还是在于人才。

小米的核心班子是雷军和小米七剑客（七个联合创始人），各自擅长的领域覆盖了软件、营销、工业设计、供应链、资本等方面，组成了一支战斗力爆表的超强团队，产品低价高配、饥饿营销、培养“米粉”……给小米创造了独一无二的新颖打法。

在完成从0到1的积累之后，接下来，如果小米只做手机，那么市场总会有饱和的一天，小米也将始终停留在1的阶段。但是今天的小米仍然在飞速发展，最新估值已经增长到了1 000多亿美元。

原来从2013年开始，小米开始涉足智能家居产品。原有的班子人手有限，小米就培养了一批创业团队，向其输出价值观、方法论，细致到产品如何设计外观、如何压低成本、如何进行包装、如何定价，全都按照小米模式进行集训。最终，这些被培训过的团队更加高效、专注、打法统一，创作出一批批类似小米手机、突出“性价比”“国货”特色的智能家居产品，让小米实现从1到100的飞跃。而这中间的关键，归根结底，还是人才复制。这些原本各自为战的创业者成了小米文化的接受者和传播者，不仅有着相同的产品理念、营销方法、管理模式，也收获了相似的成功。

今天很多企业家能悟到：想要站稳脚跟，完成从0到1的突破，必须有一款被市场认可的产品。却很少有人能够悟透：企业想要持续增长，想要推广成功经验，必须要靠人才来完成从 1 到 100 的复制。

人才，是一家企业的根本。企业与企业之间的竞争，归根结底，比拼的就是培养人才、复制人才的规模与速度。

企业家们如果不重视人才培养与复制，势必遭遇各种各样的人才困境：

- 人才缺失，从外部招聘有难度，从内部选拔选不出，内外交困，找不到合适的人来做事。
- 人才流失，缺乏培训体系，员工的淘汰率高；看不到发展路径，千辛万苦招来的人才也留不住。
- 人才迷失，没有持续的培养、学习，员工缺乏创新活力，有心做事，无力做好。

而一家卓越的企业，它必定具备以下特点：拥有人才，能够留住人才，并且能够培养人才，形成了内部的人才复制生产线。

建立人才生产线，是为企业制造源源不断的新鲜血液。

企业有完整的人才培养计划，对员工进行标准化、程式化的锤炼与培养，自我“造血”功能良好，源源不断，给企业注入新鲜血液，无论遇到机遇还是困境，都能有人可用。

建立人才生产线，是为企业强身健体。

缺乏人才的企业病一经发作就来不及了，“大医治未病”，疾病尚未起于腠理，就要未雨绸缪。企业家一定要把60%以上的时间花在选择人、培养人上面，只有选对了人，把人培养好了，才能保证企业这个生命体的活力。

无论企业是哪种经营模式，处在哪个发展阶段，建立人才生产线，进行人才培养与复制，都是刻不容缓的头等大事，是在市场上竞争制胜的关键！

《从1到100的人才复制》为企业经营者搭建人才生产线提供了清晰的路径、务实的方法（见图1）。

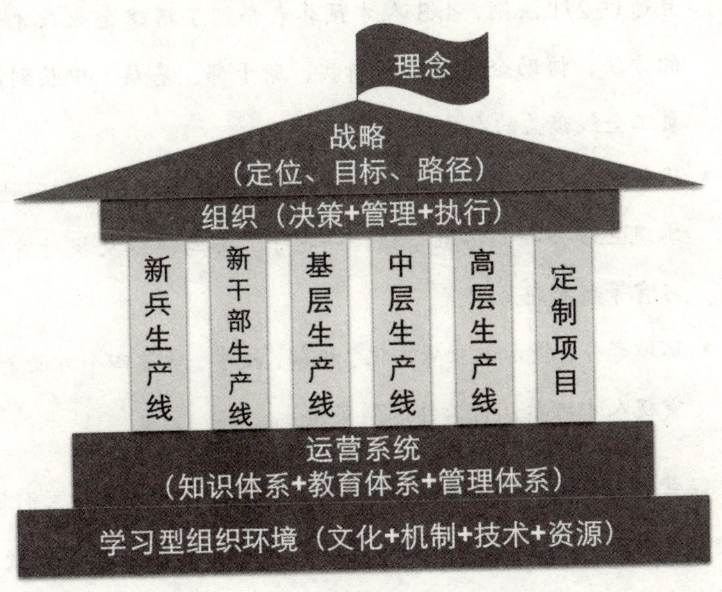


图1

- 理念是一切行动的出发点和落脚点，培养人才也以理念先行。比如海底捞注重“家”文化，所以员工的招聘、培训、管理会倾向于人性化、亲情化。
- 战略是定位、目标和路径的组合。当奇盛科技以建立“中国电梯行业一流商学院”为定位，以“成为中国最专业的电梯商学院”为目标，那么路径就是遵循一流的标准，去培养专业的人才。
- 组织部分，提出要建立上接企业文化、战略，下接业务、绩效的企业大学组织架构。
- 业务部分，提供了确立人才标准的工具——胜任力模型，并且通过 271 法则、4×3 人才预算表介绍了搭建企业人才营盘的方法，协助企业建立从新兵、新干部、基层、中层到高层员工全线覆盖的人才培养计划。
- 运营部分，从知识、教育、管理三大体系，提出了设计学习地图，实现三教合一，搭班子让“一把手”参与，以及找对首席学习官等新颖理念。
- 环境部分，提示企业从文化、机制、技术、资源四个方面着手，重视人才培养，将工作落到实处。

经营企业，人在事前，先人后事。希望本书能给企业家们带来启迪与收获，助力企业做好人才复制，践行企业独一无二的使命，实现企业兴旺昌盛的美好愿景！

# 目 录

第 一 篇

# 人才复制——企业绩效倍增的基石

第一章

# 企业人才复制之痛

任何一家企业都知道，即使在人工智能越来越发达的今天乃至未来，最昂贵的依然是人才；任何一家企业也清楚，人才是一家企业最重要的财富、最核心的竞争力。有了人才，企业的战略目标才能落地，业务流程才能持续运转，才能源源不断地创造出利润，最终实现企业的持续发展。

通过对中外卓越企业的研究，我们发现，那些在行业内遥遥领先、创造良好业绩的龙头企业，毫无疑问都是能够吸引人才、留住人才，并且能够培养好人才的公司。

卓越企业的领导人也都毫无保留地表达他们的人才理念，比如，联想柳传志常说“人才是利润最高的商品，能够经营好人才的企业才是最终的大赢家”；万科二十余年一直秉持的理念是“人才是万科的资本”；松下幸之助认为“松下主营育人，兼营电器”；IBM 创始人托马斯·沃森有言“自始至终把人放在第一位”……

人才如此重要，以至于人们惊叹汉字“企”所蕴藏的奥秘：无“人”，企业就只能“止”步于此；有了人，企业才有了生存发展、创造辉煌的可能。

然而，德勤公司 2015 年人力资源调查的结果显示，尽管有 75% 以上的被调查公司认同“构建并提高员工的能力紧急且重要”，却只有 5% 的公司认为自己已经准备好或有能力去解决员工的经营与培养难题。正如盛田昭夫所说：“只有一流的人才才会造就一流的企业，如何筛选识别和管理人才，证明其最大价值，为企业所用，是企业领导者面临的颇为头痛的问题。”

行动教育在与成千上万的企业经营者打交道的过程中，也屡屡听到这样的心声：“找不到合适的人来做事”“最担心的就是我的员工要走人”“该怎么留住我的员工”“要怎样才能找到更胜任的人”“如何能快速批量复制人才”……

凡此种种，无一不指向企业的人才经营之痛。

# 第一节
# 企业人才经营三大痛

为企业服务十余年来，我们综合了大量的企业调查结果，发现企业人才经营普遍存在以下三大痛点：缺失之痛、流失之痛、迷失之痛。

### 1. 缺失之痛：招不到、选不出

企业人才的缺失之痛表现在：有好的机会或者岗位，对外放开招聘，却招不到适合的人；想要从内部选拔，也少有员工可担此任。

---

**机会常有，人才不常有**

我们曾经服务的某外贸企业，早年间趁着中国加入WTO的政策利好，大力投入产品的设计、研发、生产等流程，通过阿里巴巴海外平台等渠道，努力开拓国际市场，以优良的产品质量积累了很多客户，后来还成为国际品牌的 OEM 生产商，年销售额上亿元。

然而随着外贸市场竞争白热化，金融危机导致全球经济衰退，原材料价格居高不下，企业的利润越来越微薄，生存越来越艰难。在产业变革的浪潮席卷之下，该企业想要转型，转战国内，创立自主品牌，开展零售业务。

企业领导很快发现，想要转型，企业面临的最大问题就是人才的缺失。因为企业原有的销售模式和渠道适应不了转型的需求，需要组建一支新的销售队伍，其中尤以营销总监为重，要求他既能了解产品与市场，又要懂得销售与管理技巧。

但是企业现有的人员中没有能够胜任的人选，好不容易招进来的人，企业领导也不知道该如何管理他们。国内销售团队设立以后，离职率一直很高，营销总监已经换了好几任，始终都没有确定合适的人选。

企业领导深刻地认识到，业务转型最需要的就是人才，而人才缺失之痛又并非一朝一夕可以缓解的。

---

从上面的案例我们可以看出，人才是这家外贸企业转型的最大瓶颈，到处都找不到合适的人才，再好的战略也无法落地，再好的

机会也只能失之交臂。

表面上看，企业缺失的是人才。究其根本，其实企业缺失的是一套有效管理和培养人才的系统。

一个企业的领导者和经营者光有发现人才的眼光，是远远不够的，更重要的是要能整合资源，建立起一套能够培养出人才的体系和机制。

只有在企业内部建立了科学实效的人才生产线，能够把七分的人才培养成十分，把一个十分的人才复制出十个、百个十分的人才，才不会为企业缺乏人才、无人可用而发愁。

---

**总经理总是“什么都要理”**

行动教育曾经为某个连锁卖场服务，为其提供企业大学咨询定制项目服务。在项目组与该企业对接的过程中，无论是行程接待、会务安排，还是计划追踪，都由该企业拟任校长的总经理负责。我们的工作人员提出任何业务性对接需求，他的答复总是“找我”“找我”，把自己忙得焦头烂额。

项目进行过程中，我们常听到这位总经理说，在这个行业、这个地区耕耘多年，他的商业模式、客户基础、经营口碑都非常好，市场面临很大的机会，就是苦于企业“无人才”，所以他太清楚企业建立人才生产线的重要性了，他一定要把企业大学建起来，培养更多、更合适的内部人才，分担他的责任，接手他的事务，让他不用事必躬亲，疲于应付。

后来，行动教育为这家连锁卖场搭建了企业内部商学院，给核心岗位做了人才梯队规划，给各层级人员规划了成长路径，搭建了完整的学习培训体系。卖场的总经理也逐渐从诸多杂务中脱身，能够更加专注于企业的战略性事务。

众行者远，一家企业的健康发展不能只是依靠经营者一人或几个能人之力，必须要有一个团队的支撑。

作为企业的经营者，创业的根本是整合资源，成人之所不能。培育人才也是如此，能够把内部的人才培养得能力出众，形成一支忠诚于企业、适合企业发展所需的团队，方能赢得企业的长远发展。

### 2. 流失之痛：留不住、淘汰高

离职率、淘汰率居高不下，是企业人才流失的主要表现。

根据中智集团关于 2016 年度人力资源数据的统计结果显示，52% 的 90 后已经为跳槽做起了准备，38.1% 的 80 后有跳槽意向。而就职于民营企业或具有本科学历的白领表现出强烈的跳槽意向，分别占到 47% 和 46.9%。

普遍存在的人员高流动性、高流失率，迫使中国民营企业的经营者有了这样的认知：30%~40% 的流失率都是正常的，50%~60% 的流失率也不算稀奇。

行动教育为一家劳动密集型企业提供企业大学咨询服务，在调研过程中发现，它的基层员工年度流失率竟然接近 90%，各部门管理者都每逢佳节倍焦虑，因为逢年过节总有那么一大批人“再也不见”了。

人员流失必然会给企业带来成本的增长，这些成本不仅包括招聘费用、在职培训等明显的支出，也包含失去对接客户的损失、岗位空缺的时间成本、对生产效率的影响、业务出现延误差错等的隐形成本。《财富》杂志调查发现，一名技术人员离职后，找新人来取代的成本可能高达离职员工年薪的 150%，如果是管理人员离职，成本还要更高（见图 2）。

| 工作（岗位）类别 | 人员流失成本范围（占1年工资%） |
|---|---|
| 初级水平——不熟练的小时工（如快餐工人） | 30 ~ 50 |
| 服务型工人——小时工（如送快餐的人） | 40 ~ 70 |
| 熟练的小时工——如机械操作工 | 75 ~ 100 |
| 文书/行政人员——如计划员 | 50 ~ 80 |
| 专业人员——如销售代表、护士、会计 | 75 ~ 125 |
| 技术人员——如计算机技术员 | 100 ~ 150 |
| 工程师——如化学工程师 | 200 ~ 300 |
| 专家——如计算机软件设计者 | 200 ~ 400 |
| 管理人员/团队领导人——如系统负责人 | 100 ~ 150 |
| 中层管理者——如部门经理 | 125 ~ 200 |

图 2

一家企业长期经历人员流失之痛，最终的结果必定是因“失血过多”而亡。因此，建立人才生产线，为企业提供持续不竭的“人才血液”，维持企业生存发展，才是企业的头等大事。

### 3. 迷失之痛：干不好、跟不上

企业人才的迷失之痛，主要表现在企业大步向前，员工却原地踏步，尤其是企业的创始团队中担任核心管理岗位的人员，无法胜任岗位工作，干不好，还跟不上，留下吧，力不从心；离开吧，心有不舍，何去何从？

举例来说，很多企业在初创时期一起打江山的元老，因为有功，身居高位，但自身的管理能力有限，匹配不上企业在快速发展过程中的需求，就会给企业领导者带来“如何提升团队水平”的难解之题。

---

某企业在创业初期，总经理带领着表弟等一众家族成员，奋力打拼。表弟负责开拓市场，开发了很多大客户，被授予副总经理的职位，分管公司的营销业务。

公司日益发展壮大，成长为业内知名品牌，年销售收入以亿元计，员工数量增长到上千人。然而数年过去，公司的发展遇到了瓶颈，收入增长缓慢，营销人员流失严重。

总经理觉得表弟的团队管理能力欠缺，无法适应公司的发展，想引入营销精英人才，加强公司的营销力量。

但是表弟认为自己业绩不良的原因，是公司的产品没有竞争力，而自己的业务能力和管理能力并没有任何问题。他暗地里排挤招聘来的新人，还常常在内部会议上有所怨言，导致团队更加不稳定，新人也认为公司管理有问题，无法顺利发展而相继辞职，总经理想要提升营销团队水平的计划迟迟无法落实。

---

在这个案例中，公司发展迅速，老员工能力不支，无法胜任职务，却又不肯“让贤”，外面好的人才进不来，下面有潜力的人才上不来，使得公司陷入人才迷失的境地。

老员工往往是企业的功臣和忠臣，他们对企业有着特殊情感，并不希望企业发展遇阻，也难以接受自己被迫“让贤”的现实。两难之下，渐生“迷失”之感。

而老员工的能力不支，多半是因为企业忽视了人才培养，如果能够给予老员工学习、培训的机会，持续提升老员工的业务与管理能力，也就有了把功臣培养成能臣的可能，使企业不至于“迷失”。

这是一份“企业人才自测表”，请按照题目提示，对自己的企业人才状况进行检测与评估。

| 一、人才规划 | | |
|---|---|---|
| 1. 公司有根据发展战略制订每年的人才需求计划吗? | □有（1分） | □无（0分） |
| 2. 公司在发展过程中，能及时地补充到足够的人才吗? | □能（1分） | □否（0分） |
| 3. 公司完全胜任各自岗位的员工数量有超过70%吗? | □有（1分） | □无（0分） |
| 4. 公司每年都做年度人力资源预算吗? | □有（1分） | □无（0分） |
| 5. 公司每年都制订年度人才培养计划吗? | □有（1分） | □无（0分） |
| **二、人才标准** | | |
| 6. 公司现有岗位都有岗位职责及任职资格书面说明吗? | □有（1分） | □无（0分） |
| 7. 公司员工了解自己的岗位职责吗? | □了解（1分） | □否（0分） |
| 8. 公司员工能认清自身能力与任职资格之间的差距吗? | □能（1分） | □否（0分） |
| 9. 公司有为员工设置明确的职业发展路径吗? | □有（1分） | □无（0分） |
| 10. 公司的员工有提升个人能力的路径吗? | □有（1分） | □无（0分） |
| **三、人才培养体系** | | |
| 11. 公司的新员工有接受企业文化和岗位技能培训吗? | □有（1分） | □无（0分） |
| 12. 公司能给基层员工提供充足的岗位培训吗? | □能（1分） | □否（0分） |
| 13. 公司有自己的内部讲师团队吗? | □有（1分） | □无（0分） |
| 14. 公司的内部培训效果能促进绩效提升吗? | □能（1分） | □否（0分） |
| 15. 公司有核心人才营盘复制体系吗? | □是（1分） | □否（0分） |

你的企业得分如何？请对照以下评分说明，了解企业目前的人才状况。

一、混乱期（0~5 分）

**诊断描述：**

贵公司的人才管理处于无序状态，公司用人没有计划，头痛医头脚痛医脚；员工做事需上级催促，领导一出差，内部管理就松懈；员工感觉提升的方向很模糊。

**专家建议：**

（1）梳理核心业务流程，对核心岗位制定岗位职责及任职资格。

（2）建立核心岗位的人才营盘培养机制。

（3）对核心岗位储备少量的人员。

二、发展期（6~10 分）

**诊断描述：**

贵公司的人才管理处于发展状态，公司用人开始有一定的计划意识，但招聘的速度还是远远达不到用人的需求；用人以空降为主，流动性大；岗位或部门职责划分不清晰，中层管理者需浪费很多时间在协调沟通上；老板处于救火状态，真正思考战略的时间很少；员工处于两极分化，忙的很忙，闲的很闲。

**专家建议：**

（1）理顺公司各项业务流程，制定各岗位的岗位职责及任职资格。

（2）建立核心岗位及管理岗位的人才营盘培养机制。

（3）对核心岗位及管理岗位储备人员。

三、成熟期（11~15分）

**诊断描述：**

贵公司的人才管理处于成熟状态，公司对用人会提前做规划，大部分的用人需求能得到满足；内部人才形成梯队，只有少部分岗位使用空降兵；岗位或部门职责划分清晰，但各项业务的处理流程偏长；员工的工作量出现不饱和状态，能力提升缓慢；员工感觉培训很精彩但落地很困难。

**专家建议：**

（1）精简业务流程。

（2）自行开发定制化教材，打造优秀内部讲师。

（3）建立企业商学院，打造学习型组织，使员工的学习落到实处。

## 第二节 人才复制四大难

在长期调查、访问各行各业的企业之后，我们发现了企业在人才培养上的许多盲点。归纳起来，主要表现为以下“四大难”。

### 1．领导重视难

无论哪一家企业，也无论企业发展到哪个阶段，一旦发现自己企业的人才经营出现了痛点，必然是因为在此之前企业的领导者没有真正重视人才的培养。

很多企业一路拼杀过来，靠的是领导者一己之力，老板自己找资源，打点重要关系，开发大客户，凭借自身的超强能力打下一片江山。

再加上当时可能资源好、机会多、市场大，企业一路发展得顺风顺水，导致领导者培养人才的意识很薄弱，甚至压根没意识到培养人才的重要性。等到企业飞速发展壮大以后，领导者才猛然发现，身边没有协助的人，而自己却早已经分身乏术了。

到了这种时候，很多企业领导依然是老观念，他第一个念头就是：我要去挖人，我需要什么样的人才，就从同行那儿挖什么人。姑且不论这种“挖墙脚”的战术在同行企业之间会不会造成恶性影响，但你能保证挖来的人都能适应需求吗？职场上的“空降兵”水土不服的情况并不鲜见，他们适应了原来的公司，想要转变固有的观念，再接受新公司的价值观、工作理念、沟通模式等，本来就是一件很有难度的事情。

其实很多成功的企业经营者更喜欢应届生。通信巨头华为招聘员工就以应届毕业生为主，培养他们从基层一步一步往上发展。这样做的好处，就像“一张白纸好写字”，应届生对工作充满激情，对企业充满热情，更易于把企业的价值观输入他的心脑之中。悉心加以培养，将来他们就是企业最精锐的“嫡系部队”。

当然，很多领导不愿意培养人才，也是为人员的流动感到“寒心”。辛辛苦苦培养的人，企业为他的成长付出了成本，为他的试错买了单，他却要离职而去，成为竞争对手的“帮工”，甚至直接变成了自己的“对手”，实在让人难以接受。

但是，转念想一想，如果培养的人才离职，会对企业造成损失，难道不培养他，让他停在原地，就不会对企业造成损失了吗？企业不培养他，他留下来不走了，那又该怎么办？他的不成长、不称职，以及因此带来的客户投诉、效率低下，最终不还是由企业来买单吗？

可惜的是，对于人才培养这件事，领导者的姿态往往是这样的：说起来重要！做起来次要！忙起来不要！结果到了紧要关头，总会发现企业缺乏优秀人才，独木难支，寸步难行。

正所谓独行者快，众行者远。企业只有在创办之初，搭建好人才管理与培养系统，真抓实干地去重视人才，用真金白银的投入去培养人才，才能拥有真心实意为企业拼搏的人才，让企业得到长足的发展。

---

很少有企业家像马云一样，对教育事业有着独特而深厚的感情，即使成为互联网产业领袖以后，他依然念念不忘自己当了六年大学教师的经历，眷念于培养人才、看到学生超越老师时的乐趣。

好在创业以后，马云逐渐发现，并非只有在学校才能当老师，在经营企业的过程中，他又一次找到了身为“老师”的职业乐趣。他说道：“我自己在创业过程中学到了许多，成长了许多。我基本上大部分时间是在全世界跑，去和第一流高手交流。在美国跟比尔·盖茨、巴菲特、克林顿这些伟大的、有智慧的人交流，消化理解后再去同公司团队分享。这就是在发挥老师的作用，在外面学习，然后把知识传递给他们。”

马云认为中国缺乏企业领导，因此，他对人才的重视和培养，并不仅仅局限于阿里巴巴自身的需求，他想要把阿里巴巴打造成未来企业发展的黄埔军校，要成为未来企业家的摇篮。他认为如果未来从阿里巴巴出去的人才，每个人又都能创办、管理一个伟大的企业，那样就更能体现阿里巴巴的社会价值，更能发挥阿里巴巴的作用，那么他这辈子没有白活，阿里巴巴也没有白做。

---

业内素来流传着阿里巴巴有四大天王、八大金刚、十八罗汉、四十太保等人才的佳话，是人才支撑起了阿里巴巴的发展与壮大。同时，从阿里巴巴“毕业”的人才又创立了达700余个新项目，为社会创造了高达万亿元的价值。这样看来，阿里巴巴是名副其实的人才培育摇篮！

当然，它所取得的成果，与领导者对人才培养的重视密不可分。从这个校长型的企业家身上，我们看到，胸怀之宽广，使得他能无私地分享生产与经营知识，培育其他人，以其他人能够超越自己为傲；格局之高远，使得他能放眼行业与中国的未来，把培养人才、贡献社会视为企业与个人的使命！

### 2. 企业投入难

假如一家企业的领导不重视人才培养，相对地，他在人才培养的投入上也会极为有限。

扎根中国民营企业近20年来，行动教育听到了太多人力资源总监这样的反馈："我们的学习预算少得可怜，4 000人才20万元""年初做好的培训预算，到了年中说砍就能砍掉一半""基层员工是没有预算的，中高层管理级别的人才能拨出小部分资金做培训"……

总之，在人才的培养方面，没有预算，随意砍掉预算，都是企业内部常见的现象。企业发展得好，员工忙于业务，哪有时间去培训。企业遇到困境，财力拮据，也不可能把有效的财力用在员工的培养上。更有一些企业把培训学习视为给员工的福利，有着宁少勿多的心态。

然而，那些成功的标杆企业，它们又是怎么做的呢？

---

作为韩国最大的跨国企业集团，三星集团的业务涉及电子、金融、机械、化学等众多领域，是一个真正的航母型集团。

从1938年李秉喆创立三星商会以来，就已经确定将人才培育作为事业可持续发展的唯一手段和方法。李秉喆说过："我终生用80%的精力去挖掘和招揽人才，造就和教导人才。"

这种人才战略也被他的接班人——李健熙发挥到了极致。李健熙认为："为了培养出一名面向未来的人才，三星要舍得花费 20 年、30 年的功夫。要不吝惜金钱，从多个方面对其进行教育，以保证复合型人才的生成。"

因为有了这样的理念支持，三星每年在人力资源的培训与开发上的投入，约占销售额的 1%，纯培训投入约 8 200 万美元。集团内年人均受训时间为 186 小时，人均培训支出金额约 1 800 美元，相当于工资的 3.35%，人均投资相当于美国大中型企业的 2 倍。

---

实际上，中国国内能够花上工资的 1.5% 作为培训费的企业仍然为数不多。而美国、日本或欧洲发达国家的企业在员工培训上，基本都已经达到了工资总额的 2%~3%。一切事业的发展离不开人才，越是发达的国家，越是注重教育；越是管理理念先进的企业，越是注重培训。

在行动教育，我们每年都投入大量培训费用。对高管、导师实行"走出去"制度，每年都批出 20 万元的经费给每一位导师，这笔经费只能用来去游学，去往全球各地的优秀企业、商学院，进行深度学习。如果有需要，经费还可以超标。

对于中层、基层员工，我们采取"请进来"制度，从外部请来优秀的专家来教学，并且搭建 MOOC 平台，鼓励员工在线学习。这笔学习费用逐年递增，从600万元到800万元，现在已经一年要花上千万元了。

行动教育的人才理念，永远是把学习成长当成企业最重要的第一任务，把培养人才的成功视为企业的成功，一切为了人才的成功！

对于企业的经营者来说，人才是企业的核心资源，人才培养的投入必须提升到战略层面。只有舍得投入、持续投入，打造完善的培养体系，让员工持续增值，才能为企业带来更多的价值和财富，推动企业走向优秀与卓越。

### 3. 高管参与难

有的企业对人才培养很重视，投入的时间和资金也充足，但是想要高层管理者参与落实，却又困难重重。

通常会有高管存在这样的认知误区：人才培养是企业老板的事，是人力资源部门的事，和我有什么关系？我的业务已经忙不过来了，哪有时间去培养人？就算有时间，我何苦花那么多精力去教别人？再说了，教会徒弟饿死师傅，万一我辛辛苦苦把人培养出来，他长了本事，把我替代了怎么办？

毕竟人是有私心的，有这样的想法不足为奇。然而作为一个团队的管理者，存有这样的私心，团队里的员工难免会有所不满，工作效率降低，流动性增高，最终伤害的还是团队与高管。

如果高管愿意花精力帮助员工学习，推动他们进步，真正重视员工的成长，收获的也将是一个士气高涨、人心齐聚的团队。有了这样的团队，何愁没有业绩和利润？而团队的成绩，不也是高管的成绩吗？团队的成长，不也推动了高管的提升吗？

正如费迪南德·F. 佛尼斯《绩效教练》一书所说，"高管的工资来源于团队的事业成绩"，"并非团队需要高管，而是高管需要团队"。真正重视人才的培养，把人才的成功视为压倒一切的成就，才是一名高管该有的认知和境界。

### 4. 有效培养难

企业人才培养的第四大难点，是难以建立有效培养的系统模式。

在这个方面，常见的问题主要有：

- 没有规划——花了一大笔钱，今天组团学财务，明天学安全生产，后天学股权，学习内容如同一盘散沙，学了也记不住。
- 没有策略——用哪种培训方式，请谁来担任教职，如何进行考核，全都是一团乱麻。
- 没有机制——培训走形式，奖罚不分明，看似忙于学习，实则没有效果，忙忙碌碌，只是一场热闹。

企业想要有效培养人才，首先，要确定战略目标，唯有科学合理地讨论出战略目标，以目标为导向，一往无前，才能克服过程中的困难与障碍，努力奔向最初的愿景。

其次，要有组织，建立起包含决策、管理、执行等流程，结构完整、职能清晰的组织机构。

最后，要设定清晰的人才架构，辅之以强有力的运营系统，最终才能应企业之所需，在企业的文化土壤上，创建一个有效运转的人才培养系统，实现企业人才从 1 到 100 的复制！

# 第二章

# 企业人才复制之本

## 第一节
## 复制人才，就是落实战略思想

商场如战场，在战场上想要获得胜利，需要有高明的战略家掌控战局，运筹于帷幄之中，决胜于千里之外。商场上竞争激烈，企业想要在竞争中获得胜利，想要保持长远的发展，也必须要有战略家，有一套清晰明确的战略。

战略是一家企业长远的、全局的发展目标，有了战略，企业才能明确要做什么、如何做、让谁来做。战略能使企业不被眼前的短期利益所蒙蔽，而是高瞻远瞩，长线布局。它也能在企业发展陷入困境之时，作为指路明灯，指引企业寻找可为之道。

战略的制定，往往是企业家自上而下，基于企业的使命和愿景，综合考虑外部环境和内部情况，在经过全面分析、深入思考后最终确定的。但在现实中，企业有了一个好战略却难以实施的情况也屡见不鲜。原因虽然多种多样，但我们认为，影响战略能否落实的重要先决条件，在于经营者的战略思想能否得到高速有效传达。而一家企业发展到一定规模，往往组织复杂，层级繁多，使得战略思想的落实受其掣肘。

### 世界上最大的多元化跨国公司如何传达战略思想

通用电气（GE）成立于1892年，它的历史最早可以追溯至美国发明家爱迪生创立的爱迪生电灯公司。100多年来，GE不断向外扩张。尤其是1981—2001年，“全球第一CEO”杰克·韦尔奇执掌GE期间，通用电气的市值从130亿美元上升到了4 800亿美元，发展成一家真正的“帝国型”企业——业务涉及照明、机械装备、材料、工业电子、金融、医疗、航天、石油等，几乎无所不包。

与通用电气的庞大规模相映成趣的是由其创办的企业大学——克劳顿维尔管理培训中心，它被公认为世界上第一所企业大学，享誉全球，被冠以“美国商界的西点军校”“美国企业界的哈佛”“经理人的摇篮”等称谓，培养了大量的经管人才。

韦尔奇是克劳顿维尔的第四位负责人，他非常看重克劳顿维尔的建设，不仅每年投入10亿美元扩充校园建设，完善教学管理，使克劳顿维尔成为一所现代化的学校，而且亲自前往授课，20 年间去了 200 多次。

韦尔奇认为克劳顿维尔是管理者的培训地，是阐述自己变革思想最理想的地方。因此，他每个月至少到克劳顿发表一次演讲，并要求其他高层领导也到这里来对学员进行教育，作为克劳顿的主要培训方法之一。

根据报道，韦尔奇在克劳顿授课的流程是这样的：首先，韦尔奇表示要结识在座的每个人，要求大家进行自我介绍，跟他们聊各自的业务情况。其次，韦尔奇开始给学员们讲解课程，然后讨论公司的发展问题。早在授课之前，学员们就已被告知这次演讲的主要内容，所以事先准备了一些问题，当面请教韦尔奇。经过一段讨论之后，韦尔奇进行总结性陈述。整堂课程历时 3 小时。最后，韦尔奇与学员们共进晚餐。

在克劳顿维尔，除了阐述自己的战略思想，韦尔奇也会借助授课的机会，了解企业的运行情况，查找问题，宣布新的战略决策等。

---

难以想象在一个帝国级别的跨国大企业中，经营事务繁多，组织结构复杂，CEO 还能坚持每个月给员工上一次课。来听课的这些学员，都是通用电气集团全球各个业务部门的中高层管理者。韦尔奇用直接授课的方式，避开层级的障碍，直接下达他的战略，统一

集团管理层的思想，毫无疑问是非常高效的。

当然，企业的战略思想除了传达，也需要具体的行动去落实，而具体行动的主体，就是企业的人才。

如何选择、培养能够认同企业战略思想，能够有效执行企业战略的人才？在这方面，通用电气也做到了极致。

### 最好的人才来自内部

GE认为最好的人才是企业内部培养出来的。因为企业内部培养的人才更熟悉公司的战略思想，关心企业的长远利益，与企业的发展目标保持一致，具有更深厚的忠诚度和认同感。

GE的领导选拔方式别具一格，从建立到今日，100多年来，企业的领导者都出自内部。最高领导者CEO更是要经过长达数年的考察与培养。杰克·韦尔奇的前任雷吉·琼斯用了7年时间才选定韦尔奇，韦尔奇也花了7年时间，通过各种方式对候选人进行秘密考察，比如举行晚宴、实地考察，对候选人进行全方位了解，才从几个候选人中选定继任者并着意培养。

在GE，不只CEO需要严格甄选，其他的重要岗位，例如，全球业务集团总裁、地区总裁、人力资源总监等，都必须实施“接班人计划”，重要岗位必须保持有两三个人作为候选人，而且这些候选人名单每年都会根据绩效考核结果进行调整。

---

从 GE 选拔人才的方法，就能够一窥其人才经营理念：内部培养人才，内部选拔管理者，以便确保找到正确的人，找到岗位需要的人。

当然，选拔只是人才经营的第一步，接下来如何培养、复制人才？答案藏在克劳顿维尔管理培训中心的运营之中。

---

**企业大学是专属的人才生产线**

克劳顿维尔管理培训中心被视为培养管理者的人才生产“流水线”，它的主要任务就是培训员工，用先进的管理知识来武装下属。

在克劳顿维尔，有着一套完善的培训体系，不同层级的员工适用不同的培训项目，课程内容涵盖财务、人力资源、管理等，设计得相当完善。其中理论授课部分在很多年以前就被编纂为八大册专业管理论著，成为许多商学院开设的基础课程。

为了培训，GE 可谓不惜代价。公司每年花费 10 亿美元进行领导培训，并对6 000人左右的管理团队集体进行评估。正是因为有着如此庞大的培训规模，才使得无论任何人离开GE，GE都有可以继任的领导人或管理者，这便成为企业永续经营的基础。

总体来看，GE认为内部的员工更能够认同企业的文化与价值观，熟悉企业的业务经营模式。在这种认同与熟悉的基础上，开办企业大学，高效传达战略目标，科学规划培养课程，进而保证企业战略能够落地，确保企业管理者能够得到长足进步，适应企业发展需求。

与GE的人才经营与复制模式形成鲜明对比的是，中国改革开放初期的企业家马胜利，他承包石家庄造纸厂，革新生产，迅速扭亏为盈。却在进一步承包全国100家造纸厂的过程中，因为急需人才，无论合不合适，把石家庄造纸厂的老员工都外派并安排在新公司管理者的岗位上，结果导致经营上败走麦城。

由此可知，选拔内部员工，直接传达战略，只是使战略思想能够贯彻下去的先决条件。但是，内部员工并非天然就能适应企业的发展需求，内部人才的培养、复制，战略思想的真正落地，需要有克劳顿维尔这样的企业内部教育机构，这才是保证人才能够成功复制的“流水生产线”，才是保证企业战略能够落地执行的关键！

## 第二节
## 复制人才，就是复制管理模式

在《财富》杂志发布的2016年世界500强企业榜单中，有一个耐人寻味的细节，整个榜单上仅有6家餐饮企业上榜，而麦当劳位列第四。

评价麦当劳为全球零售食品服务行业龙头，并非过誉。它从1955年创立第一家店起，发展至今，已经在全球拥有超过3万家餐厅，是全球最大的连锁快餐店，是餐饮行业名副其实的“巨无霸”。

人们惊叹于麦当劳的成功，以之为标杆，研究它，学习它，试图找出它的经营诀窍。其中最广为人知、被人深入研究的是麦当劳的经营方针，它被总结为“品质、服务、清洁和物有所值（QSC&V）”，表现在实际操作中，就是麦当劳的产品烹制、餐厅布置、服务工作等，全部标准化运作，并被严格控制。

这样一来，无论哪个顾客走进全球任意一家餐厅，品尝到的食物都是自己熟悉的、喜欢的味道，自己习惯的温度，接受的服务也是一贯的温暖。

QSC&V 理念因此被人们奉为连锁餐厅标准化运作的圭臬，争相模仿。然而掌握产品标准化理念、进行连锁经营的不在少数，能复制麦当劳的成功的却并不多。

为什么麦当劳能够这么成功呢？其实，产品的标准化生产只是麦当劳辉煌业绩的表面现象，更深层次的原因，在于它能够实现内部人才的标准化“复制”，进而成功复制盈利的管理模式。

毕竟餐饮行业在人才需求上特别突出，拥有大量的经营人才、服务人才，才是一个餐饮品牌能够立足的首要条件。而麦当劳正是世界上第一个拥有全球性人才培训中心的餐饮企业。

早在 1961 年，麦当劳就创办了第一所汉堡大学，至今已在全球有了 7 所分校，每年都有超过 5 000 名学员在汉堡大学学习企业文化价值，提升管理技巧、领导能力，进而成为能够经营好一家餐厅的专业人才。

汉堡大学就像一条“人才生产线”，源源不断地输送出适合麦当劳事业发展的各类人才。深入研究麦当劳，人们就会发现唯有人才标准化、体系化，才是企业发展成功的根本诀窍。

## 麦当劳的人才培养

### 一个麦当劳员工的培训历程

麦当劳的创始人雷·克洛克说过这样一句话："若想走遍天下，必须人才为先。我要把钱花在人才上。"麦当劳也一贯信奉"人员是我们最大的资产""培训员工，可以让企业成长；人成长了，企业就成长了"。正因如此，在麦当劳规模还很小的时候，就已经开始花重金对人员进行培养。

麦当劳的每个员工从加入的第一天起，就踏上了麦当劳为之设计的"成功之路"。每个人都将遵循麦当劳"员工发展手册"，接受基本的岗位训练。这本手册包括了所有与岗位相关的训练资料，即使新员工没有餐饮业工作经验，也能根据手册的指引，在员工训练员的帮助下，按部就班地熟悉并掌握岗位标准。

而这还只是麦当劳员工被标准化的第一步。

第二步，这些普通的员工在适应了岗位以后，如果晋升为员工训练员，还要遵循"员工训练员手册"，完成进一步的训练员训练计划。

第三步，训练员升迁为员工组长以后，将开始成为麦当劳餐厅管理人员的发展旅程，学习、实践"经理发展手册"。

这些受训的员工组长都将是未来麦当劳各阶层的管理人才，他们在完成规定的学习内容后，第四步是被送到各区域的训练中心完成“基本值班管理课程”的学习。两个月后，继续接受“高级值班管理课程”的训练。

在经历了这一系列复杂而有序的培训学习之后，员工组长中绩效评估高的人，会被升为第二副理，承担更多的工作职责，接受更多的培训。表现优秀的人才将会晋升为第一副理，并有机会到麦当劳汉堡大学学习。

**麦当劳汉堡大学教什么**

麦当劳汉堡大学是麦当劳培训体系中的最高学府，拥有一批来自运营前线、实战经验丰富的资深教授团队，还有一群极具创造力的训练专家。凡是担任汉堡大学教师的人，必须曾担任过麦当劳地区分公司总经理以上职位，必须熟知麦当劳的管理方法并有长时间的实战经验，保证“由麦当劳的管理人员教授麦当劳的管理方法”。

第一副理在汉堡大学学习的课程是“餐厅领导实务”，包括“成为一个领导”“了解我的餐厅”“创造一个正面的工作环境”等。受训者在模拟餐厅里，学习如何成为一个领导，如何建立一个高绩效的团队，如何改善行动计划，并最终满足顾客的需求，完成麦当劳的使命——成为顾客最喜欢的用餐场所。

第一副理是麦当劳餐厅经理的后继人选，他们承担着每一家餐厅的业务运作，并负责传递品牌使命和价值观。在成为餐厅经理以后，还要继续学习汉堡大学的“企业领导实务”，包括“责无旁贷”“创新思维”“发展餐厅才能”“麦当劳积极参与社会”“业务计划的基础”等内容。

**人才培养不止于培训**

在麦当劳，每次的培训课程全过程都有教练负责设计和追踪受训者的训练进度，教练依据“教练指南”帮助受训者制订行动计划，并在实践中和他们一起工作，给予认可和回馈。在每次接受完训练后，受训者依据“绩效发展系统”，获得绩效评估，从认可和激励中得到经验和鼓励。

在麦当劳，学习、培训是没有止境的，它为全世界不同级别的员工拟订学习计划，提供给员工终身学习的机会。

---

曾经有过调查，麦当劳是一家员工忠诚度高达70%~80%的公司。很多人进入麦当劳工作以后，发现这里的职业成长道路非常完善，有人原本只是为了就近选麦当劳，结果尽职尽责地干了数十年，这样的例子有很多。

从企业的角度来看，麦当劳利用系统而又精准的培训，培养世界各地的员工，使得各种管理规范和标准都能够在全球范围内得到推广实施，从而把成功的管理模式复制到全世界，开出一家又一家连锁店，最后成长为餐饮行业的巨头。

所以说这才是麦当劳成功的终极秘密：系统培养人才，复制盈利模式；人才成就企业，助力企业发展，最终创造的是一种企业与人才双赢的局面。

## 第三节

## 复制人才，就是解放老板

在和各行各业的企业家们打交道时，我们发现作为企业的一把手，大家普遍有着一个特点，那就是肩上扛的责任总是最大的，手上接的任务总是最重的，为了企业呕心沥血，心力交瘁。想要把事情托付给企业里的其他人，但是找不到像自己一样敬业与投入的人，不敢去托付；也找不到比自己有能力的人，无法去托付。

很多企业家来听我们的专业课程时，手上拿着两个手机，请示商量的电话不断。听完课回去以后，等着他签字盖章的人能排成长龙。

从公司的角度来看，重要的事情都被一把手承包了，下面的人背靠大树好乘凉，缺乏主动性和使命感，工作不够投入，潜力未能激发，提拔或者培养人才的难度增大了，无形之中也增大了公司的运营风险。

"拉面女王"特别忙

自1996年成立以来,味千拉面快速成长。2007年3月,味千(中国)在香港联交所主板挂牌,市值高达90亿元,成为中国最大的快速休闲餐厅连锁经营商之一。

味千拉面高居中国餐饮界榜首,全国开出600多家分店。被称为"拉面女王"的公司创始人潘慰女士凡事喜欢亲力亲为,除了每天都要处理大量经营管理事务外,她对店里的运营也抓得很细致。

为了改善产品的味道,潘董经常和公司高层一起试吃和讨论;为了研究顾客的口味偏好,她也经常亲自到门店观察;为了了解市场,她每天下班以后都要去巡店。全力以赴、永不歇息是这位餐饮巨头的真实写照。

行动教育在为味千拉面提供企业大学咨询服务之初,常常听闻潘董忙得脚不沾地,除了经营事业以外,完全没有时间参与其他活动。

随着味千商学院的建立,味千拉面的人才培养体系日渐完善,提拔出了许多新的管理人员。有一次在"赢利模式7.0"课程现场,正好有一位餐饮界领导聊到味千,他说的一段话触动了我,他说:"明天,我会组织上海餐饮界的同行,去我的家乡厦门举办一次活动。"他特意说道:"明天,味千的潘董也会去!你知道吗?以前我们业内有活动，潘董很少参加，她太忙了。但今年以来，我们的好几次活动她都参加了！”

原来，自从建立味千商学院以来，因为有了分担的人才，潘董终于从企业的大量事务中被“解放”出来，不再一味埋首于工作之中，也可以参加其他活动了。

近些年，我在行动教育带领企业大学咨询专家团队，业务非常多，工作量非常大，节奏非常紧张。最忙最累的时候，我扛不住了，累出了病。集团特地给我安排假期让我缓一缓。但这治标不治本，没有人给我分担，始终有那么多工作在等着我。

2016年，熊启明老师加入了我的团队。他担任过北京派多格商学院院长、武汉皇家商学院执行院长，曾在香格里拉酒店管理集团、美国希尔顿酒店管理集团、英国邦辰集团担任培训经理等职务，非常擅长企业大学的体系建设、课程设计开发、人才体系建设、内部培训师的训练等。

他加盟行动教育，担任企业大学咨询事业部的核心专家一职，负责专业交付工作，为我分担了许多事务，提出了很多有益的建议，让我能够更加专注地投入企业大学的研究中来，进一步优化产品及流程，为校长们提供更优质实效的服务。

复制人才，就是解放一把手，我也亲身体会到了这一简单的道理所蕴含的深刻意义。

## 第四节
## 复制人才，就是贡献社会

在中国保险行业，中国平安保险（集团）股份有限公司被誉为行业标杆，是业内最成功的企业之一。

中国平安的员工也成为保险市场上一个非常大的团体，颇受市场青睐，遍布于各种保险机构。原因在于中国平安拥有业内最完善的培训体系、最强大的培训师资力量，一直有着“最好的培训在平安”的美誉。

---

**平安集团的培训硕果**

中国平安是国内企业培训体系规模最大、覆盖面最广、课程体系最健全的人才发展平台。集团旗下设立了中国一流的企业大学——平安金融培训学院，总部设于深圳观澜，分院设于上海张江。此外，在全国范围内还设有80家培训中心。

平安集团有着完善的培训体系，员工在不同的职业发展阶段，能够获取销售、管理等多种类别的课程学习，实现了线上线下的培训课程全面覆盖。

---

平安如此重视培训，不仅仅是为了公司业务的需要，同时也是为了助力员工个人成长，推动行业的发展完善，为社会做出贡献。

中国的保险行业发展至今，不过数十年历史，从业人员在数量、专业、素质等方面，远远跟不上保险事业的需求。

正因如此，中国平安从一开始就倡导“以好的培训造就人”，通过培训，来提升员工的能力和业绩。

### 为员工量身打造的培训

平安集团是国内最早开展代理人培训的保险公司，针对代理人设计了相当完备的培训课程，为其提供从保险基础知识到产品知识，从客户需求分析到团队经营管理各方面的知识和技巧。

进入中国平安后，代理人将要接受大量培训。上岗前有职前培训、代理人考试辅导培训、岗前培训；上岗3个月内，接受衔接训练、新人成长步步高训练和辅导；上岗4~6个月，接受转正培训和新人加油站培训；7~9个月，接受新人冲锋班的训练和辅导；上岗10~12个月，可以接受主管层级的培训。

主管培训紧紧围绕各级主管的收入与持续晋升，帮助业务人员掌握增员、辅导和团队经营管理等技能，最终帮助业务人员从一名销售精英成长为优秀的团队管理者和职业经理人。

---

平安集团每年都要投入巨额费用来举办各类培训，并且不断完善教学设施，发展平安金融管理学院，使之成为一个知识共享、价值最大化的人才经营平台，为集团乃至整个金融行业培养和输送人才，因此，平安金融管理学院也有着“中国金融行业的黄埔军校”之称。

---

**自主研发互联网移动学习平台**

考虑到传统的培训模式有着各种各样的困难和挑战：面授成本高，覆盖面窄；时空受限，占用大量上班时间；实施周期长，传播速度慢等。2014年9月，中国平安自主研发并上线了互联网移动学习平台——知鸟。

中国平安集团人力资源中心高级培训总监王金德解释

了这个学习平台的开发初衷："当平安有新产品发布时，需要对全国的员工进行培训是一件耗时耗力的事情。一个130多万人的企业如何组织培训？当传统培训遇到移动互联网，这样的背景下，平安推出知鸟移动学习。"

知鸟上线之后，只用了短短几个月时间，就将培训全面覆盖到包括基层在内的130万名在职员工，为他们提供培训课程和学习互动服务。

据介绍，这个平台有着独立完善的学习体系，针对企业的需求，提供企业内部专题通用培训、员工职业发展培养项目、上岗资格学习+考试、分公司管理和专属人群学习等；针对员工的需求，提供案例学习、专题或专家直播、系统化的碎片学习等。

平台将每一门战略课程制作成微课，在形式上，通过录播、直播、动漫等方式，将枯燥的条例转变成画面。比如通过直播，把高层领导的讲话迅速传递给所有员工，让战略精准传达。业务精英也可以通过平台直播经验分享，给员工们带来多种多样的学习体验。

从2015年11月起，这个平台开始正式对外部企业开放，到目前为止，已经有1 000多家企业受益于这个学习平台。

桃李不言，下自成蹊。在大量的投入之下，中国平安不仅培养出了一支非常专业的保险人员队伍，事业发展得如火如荼，成为中国金融保险第一品牌。而且，集团培养了大批销售精英、高管人才，获得了业界的好评，成为助推中国保险事业发展完善的一大动力。

# 第三章

# 企业人才复制三大革命

## 第一节
## 思维革命

作为企业的经营者，擅长研发，能做出创新的产品；擅长销售，能赚到利润，这些都只是保证企业得以生存的基本条件。

想要进一步开疆扩土，壮大组织，把事业做大做强，光凭一己之力或几个人的力量是远远不够的。

---

天使投资人徐小平曾经投资了一家电商方向的创业企业，企业早期团队的每个人都很优秀，产品上线后，起步很快，营收颇丰。有一次徐小平和企业创始人聊天，提醒他要开始培养能够支撑百亿元规模、拿百万元年薪的人才，当时创始人觉得没有必要，他自己才拿十万元年薪，而且团队的工作还没有超出负荷。不久后，这家电商公司开始

做促销活动，因为流量激增，导致整个网络宕机，损失巨大，创始人这才明白了徐小平的提示背后的真义：培养人才，越早越好。

---

无论企业的规模大小如何，企业家最应有的本领，必须是培养人、造就人。一个人再能干也无法全知全能，时间和精力也都是有限的，做不到所有的事情都尽善尽美。

能够培养人，让企业里面有足够的人才，各司其职，物尽其才，人尽其用，才能把研发、生产、销售、管理等每件事情都做好，保证企业稳步发展。

行动教育董事长李践最常讲的话是“一切为了造就人才”，这并非只是鼓舞人心的口号，而是李老师从数十年的企业经营中总结出来的真知灼见。

以人为本，重视成就人才，自有其深厚的心理学基础。

### 1. 企业家的思维革命

（1）企业家的人本思维

早在半个世纪以前，心理学家马斯洛就提出了著名的需求层次理论：人们在满足了较低层次的生理、安全、社交需求之后，还会追求更高层次的尊重与自我需求（见图 3）。

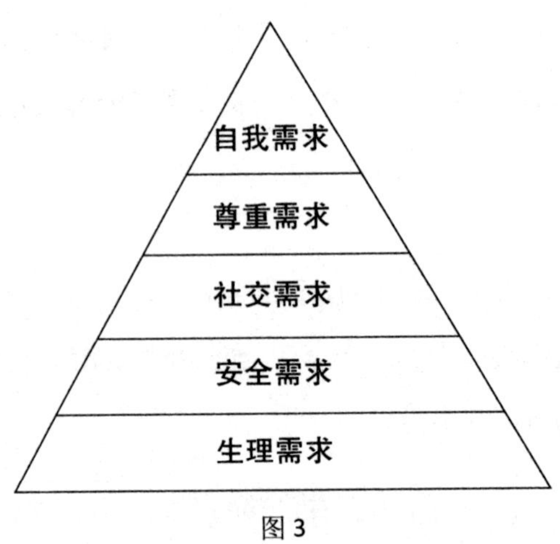


图 3

作为一个有思想、有追求的人，在吃饱喝足以外，都会进一步追求更高的目标，都想要拥有一定的社会地位，受到别人的尊重。更进一步，人人都希望发挥自己的潜能，实现个人的理想与抱负。

有的员工说，能够把一个项目从想法变成实际，能够把一个设定的目标变成实打实的业绩，是最让人有成就感的；有的员工说，能够从一个一无所知的新人，成长为独当一面的管理者或者技术专家，是最让人快乐和满足的；有的员工说，正因为我创造了价值，我才过得有意义……

生而为人，我们的内心总是向上、向善的，我们每一个人的内心最深处，都有着对成功的渴望，对实现自我价值的憧憬，对成为伟大人物的梦想。

每个人，从本质上来说，面对工作，都有着提升自我的动力，想要在岗位上能够称职，想要更好地完成业绩、更快地进步，想要得到奖励与晋升，唯有如此，才能得到最大的满足与快乐。

认同马斯洛的需求理论，就意味着企业的经营者要具备这样的革命性思维：把每一个员工都看作独一无二的个体，尊重每个人心中关于成功的梦想。相应地，也要为员工提供完备的培训与学习机会，提供完整的成长路径，培养人，造就人，协助人才实现自我、成就梦想。

著名的管理大师德鲁克也有一个观点与需求理论相映成趣，他是这么说的：企业经营者的领导力，就是把一个人的精神境界提到前所未有的高度，把一个人的责任心提到前所未有的高度，然后才能把一个人的潜力、持续的创新动力开发出来，让他做出他自己以前想都不敢想的那种成就。

如果说，马斯洛提示我们，经营好一家企业，要重视人才的成长与成功，满足员工的最高需求。那么德鲁克的话则告诉我们，满足了员工的最高需求，是培养人才的关键之处；而培养人才的成功，则是企业家拥有卓越领导力的最佳证明。

### 只有人才的成功才有企业的成功

通用电气被视为企业管理的标杆，成为众多卓越商界领袖的摇篮，其中一个重要原因就在于它始终坚持培养人才，把人才投资视为最重要的投资。

《基业长青》一书中写道："有一个韦尔奇这样有才干的 CEO 已经够好了，而通用电气在长达一个世纪的时间里不断从内部培养出很多韦尔奇这样水平的 CEO。你只能说，这真是个有远见卓识的企业。"

而这种远见卓识，早在一百多年前就已经有所体现，从那时候起，通用电气的领导者就意识到，企业最重要的产品不是电灯泡或者变压器，而是管理和培养人才。

万科也是一个非常注重人才培养，以人才成功为企业成功的企业。万科从 1984 年创立，历经 30 余年，发展成国内领先的房地产公司，跻身《财富》世界 500 强榜单，离不开大量人才的贡献。

---

起初，万科并没有太多的资源，非常需要一批能够在市场上生存发展的出色的职业经理人，需要大力从外部进行招聘，以满足自身的人才需求。为此，万科曾经开展过很多人才计划。

1999 年年底，万科提出"新动力"计划，开启校园招聘，培养学生以补充万科的人才需求。此次共招聘 1 700 多人，目前留在公司的有 1 280 多名。而目前万科的 41 家一线地产公司的总经理，其中有 11 位是新动力出身，接近总经理群体比例的 30%，他们已经成长为万科最中坚、最核心的力量。

从2000年开始，万科展开“海盗行动”，大量吸纳以“中海外”为首的优秀房地产企业人才。在两到三年的时间内，招来50位中高管，使万科在工程质量管理、项目管理、成本管理等方面都有了极大的提高。

经过20余年的发展，万科规模迅速扩张，眼看将要成为千亿元级企业，却缺少有眼界、有能力掌控企业的人才。针对当时的情况，万科采取了走出去的策略，一些真正管理过千亿元级企业，或者在千亿元级企业工作过的人，成为万科的挖掘对象，宝洁、百安居、麦肯锡等千亿元级企业中的优秀人才陆续加入万科。

万科还计划在三年内选送1 000人去日本学习，花费大约1亿元人民币。现在已有500人先后在日本学习，长则一个月，短则半个月或者一周，包括一线公司的总经理、集团高管，还包括工程、采购、设计、营销等专业人员及客服人员。这个计划真正体现了一个企业的使命感。

跨界变革时代，万科也意识到不能只在同行业内互相交流学习，更应该走出去。近年来，万科管理学院先后安排团队去了华大基因、阿里巴巴、腾讯、海尔、小米等企业，通过实地了解这些不同行业、不同类型、不同规模的公司，学习它们的经验。

在万科，推崇“学习是一种生活方式”，给高端人才提供的培训就是跨界学习，向优秀的人学习更优秀的思维，而并不局限于某个行业。只有这样，才会让思维跳出固有的模式，发生质的飞跃。

---

今天的万科，享有“中国房地产界的黄埔军校”之美誉。遥想当年，它需要从外部“输血”，吸纳大量外部人才，以支撑业务发展。现在，万科的人才培养能力已经首屈一指，具备了自己“造血”的功能，成为行业内一个人才成功的标杆企业，甚至摇身一变，成了被同行挖掘优秀人才的对象。

万科的经营史，正是“只有人才的成功才有企业的成功”这一朴素道理的见证。

（2）企业家的营盘思维

从第一家企业诞生以来，如何对企业进行管理，就成了一个专业的研究课题，相关理论也层出不穷。

如果我们对现代企业的发展与管理进行盘点，很容易就能发现一个值得深思的现象：企业管理的方法和理论，很多是借鉴与汲取了军队管理中的经验；企业的高级管理者，很多也是来自军队。肯德基的创始人哈兰·山德士上校、沃尔玛的创始人山姆·沃尔顿都参过军；联想的柳传志、海尔的张瑞敏、华为的任正非运用军队中的管理技巧，把自己的企业打造成了一个优秀的组织。

### 铁打的营盘，流水的员工

关于军队，有这样一句广为人知的俗语：铁打的营盘，流水的兵。意思是在军队里面，营房是常在的，士兵是流动的。以中国的军队为例，一般的士兵如果不提干，三年左右就要退伍。每年都有许多老兵离开，又有许多新兵加入，新老交替，源源不断。

然而无论人员如何更替，军队凭借科学而强大的培养体系，全面深刻的文化与思想建设，始终能够把一批又一批的新兵，打造成体格强壮、意志坚定，拥有超强战斗力的合格士兵，成为世界上最独特、最优秀的团队。

在培养人才方面，有一所军校闻名全球，这就是位于纽约州哈德逊河畔的西点军校。它创建于1802年，累计培养出了2位总统、4位五星上将、3 700名将军，在培养军事人才上有着骄人的成绩。

除此之外，西点军校在商界也赫赫有名。第二次世界大战后世界500强的历任高管中，有1 000多名董事长、2 000多名副董事长，以及5 000多名总经理来自西点军校。

这些人数众多的军政商界精英的诞生，得益于西点军校的培训体系。

---

西点军校前校长戴夫·帕尔默曾经说过一句话，强调西点军校领导力培训体系的强大作用："随便给我一个人，

只要不是精神分裂症者，我都可以把他培养成世界上最伟大的领导者。”

帕尔默认为，西点军校的人文环境，以及西点军校强有力的领导力培训体系，可以把一个普通人，通过情境的安排和设计，培养、培育为伟大的领导者。

西点通过训练、教育、激发，从三个维度提升学员能力，塑造其领导者性格：体能、智力、军事。为应付可能出现的不稳定甚至战争环境，军事领导者必须具备强健的体魄，因此体能培养是三个训练领域的基石。智力教育方面，西点强调独立思考能力：“我们教会学员的不是思考什么，而是如何思考。”以体能和智力为基础，在西点的第二年和第四年暑期的野战部队实践是每位学员必经的军事教育洗礼。

经过西点军校独特训练的雷德·史密斯在毕业后参加过越战。退伍之后，他从事快递运输生意，公司名叫联邦快递。尽管这一行业起初并不被人们看好，但是史密斯认为，只要提高快递速度，快递业就有商机。于是，他贷款买了数十架飞机。在运营中，他又发现许多中小城镇也非常需要快递业，而许多快递公司因为那里离中心城市远，业务量小而不屑一顾。于是他通过编制科学的运营线路和发挥飞机的速度优势，占领了大部分城镇。

如今，联邦快递已经建立了全球首屈一指的快速交付网络，业务遍及全球211个国家和地区，拥有超过660架货机及9.5万辆货车，在全球聘用超过21.5万名员工和独立承包商，日均处理500万件货物。史密斯说，如果没有西点军校的经历，他绝对无法创造出联邦快递这一番事业。

西点军校吸引了大量的企业管理者或相关研究人员前去游学、探索。人们认为，通过西点军校独特、强大的培训体系，培养的人才不仅具有彪悍的体格，也具有强悍的意志，以及出众的领导力。而这三者正是成就一番事业所需要的特质。

作为企业的经营者，我们最渴望的，就是企业能够像西点军校一样，有着强大的人才复制体系，把企业打造成铁打的营盘，把员工培养得像军人一样彪悍。即便员工来来去去，但营盘是铁打的，人才培养机制是科学实效的，培养出来的员工始终团结一致，攻坚克难，不惧艰苦，战斗力爆表，披靡于市场之上。

对于企业来说，经营者的主要任务并不仅仅是发现人才，还要建立一套可以培养出人才的系统。对于员工来说，流水般动荡也并非心之所愿，企业乐意培养人、成就人，更能给员工以归属感，让员工更有目标，对企业更加忠诚。或许有一天，当企业铸就了铁打的营盘，员工也会从流水兵，变身成企业的铁杆兵！

### 养兵千日，用兵一时

军队中另有一句俗语，“养兵千日，用兵一时”，说的是唯有早早展开旷日持久的艰苦训练，才能培养出一支在战争来临时能够紧急出征的军队。平时不流汗，关键时刻怎么能够战胜困难？平时不流血，又如何应对突如其来的危险？

一名士兵唯有流过成吨的汗水，锻炼成山一样的身躯，磨炼出铁打的意志，才能在战争爆发时冲锋陷阵。

企业培养人才的道理也是相通的。

企业家经营一项事业，总会发现有些考验突如其来，有些机会转瞬即逝，有些选择任重而道远。

想要应对困难，抓住机遇，想要进一步发展壮大，一定要有人才。没有人才，一切都会落空，关键时刻无人上场，美好蓝图无法落地。

我曾经和一名企业家交流，他说，他最希望自己有的本事，就是像孙悟空一样，一到紧要关头，从身上拔一把毛下来，吹口气，就能变出无数个分身来解决麻烦。

这位企业家的公司发展得还不错，员工也有一两百人，但是，他总有个感觉，一到关键时刻，就无人可用了，很多事情只能亲自上阵。

其实很多企业的经营者都有这样的困惑，为什么总觉得缺乏优秀的人才？为什么员工们都不如我？

好在，孙悟空的分身法我们学不会，建立一套培养人才的系统我们还是能够做到的。现在有很多企业家来参加培训，都会把公司重要岗位上的人员一并带来，大家一起听课，一起进步，这就很像孙悟空的分身术了：无才可用，那我就培养、复制出人才来。

一起参加培训是一种途径，在企业内部搭建科学实效的培养体系、重视内部培养，也是一种途径。

---

作为国内第一家多品牌连锁酒店管理集团，华住酒店集团的发展势头非常迅猛，自2005年创立以来，华住在短短数年间已经完成全国31个省市自治区的布局，形成了密布的酒店网络。

集团的飞速发展，让创始人季琦对人才的需求感到忧虑。他自认为比较擅长战略和商业模式的规划，却不擅长管理，所以一直想找一个优秀的CEO接手华住的管理工作。遗憾的是，找了很多年，却一直没有合适的，只能自己再回来做CEO。

华住扩张得很快，仅在2014年，就开了450家门店。在这一年，季琦深深地感到人才供不应求。不仅人才数量不够，人才质量也难以保证。一段时间内，新开店的店长甚至没有通过培训就要上岗。

酒店行业的快速变化和激烈竞争，使得华住十分渴求那些可以适应变化和创新的人才，但是季琦感觉即便能找到足够的人，也很难一步到位找到可以跟着这个世界变化、能理解这个变化、拥抱这个变化的人才。

为了解决这种人才困境，华住大学将培训体系覆盖到各个岗位；在企业内部推行师徒带教，手把手培育新员工；普及教练技术，让所有的高管全部参与进来，每年把300个骨干力量培养成教授式领导……各种培训方式，只为了大力培养人才，保证关键时刻有人可用，企业能大力发展。

### 2. 高管的思维革命

经营企业，人才的来来去去总是不可避免的。然而员工离职，尤其是一名优秀员工离职，对于企业来说，是一个必输的局面。企业不仅失去了一名熟悉企业文化、胜任岗位要求的得力助手，也要承担另招人的成本、业务因此受阻的风险。

#### 员工离职是离开他的直线领导

作为企业的管理人员，直接承受着员工离职的结果，更应重视员工离职的现象与原因。

马云曾有一句话流传甚广："员工离职，不是钱没给到位，就是心受委屈了。"仔细想想，钱的问题，可以设立合理的薪酬制度来解决。心受委屈，又该如何解决？管理者又该采取什么措施来应对员工的离职呢？

所谓的"心受委屈"，很明显，公司本身不会让人受委屈，公司里的人才会让人受委屈。

---

几年前，国际著名金融服务公司摩根士丹利（Morgan Stanley）的执行副总裁 Paul 想要提升公司在投资银行业的排名，他对下属 Rob 说："如果你能把我们银行的排名从现在的第八提升到第一，我就提拔你为总经理。"

一年后，摩根士丹利从行业第八上升到第三，这是一个巨大的进步，然而 Rob 却没有得到升职的机会。Paul 的理由是，Rob 是个人主义者，他习惯于独自完成工作任务，而不是与人合作，这不符合公司期望打造的企业文化。

于是 Rob 递交了辞呈，但在公司其他高层的极力挽留下，他最终留了下来。不过他有一个条件：不再为 Paul 工作。一年后，Rob 凭借出色的工作表现以及"零负评"的测评结果，顺利晋升为总经理。谈及此前与 Paul 的嫌隙，Rob 说："在工作中，Paul 没有给予我任何培训、指导和反馈。他给我的支持微乎其微。"

---

在这个案例中，一个富有潜力的员工因为直线领导的原因差点愤而辞职，造成公司的极大损失。其实，这样的情况很常见，盖洛普曾经做过一项调查，发现员工之所以离职频繁，很多时候原因并不在公司，而在他的直线领导。

对于员工来说，他在岗位上能不能取得良好的业绩，能不能得到学习与晋升的机会，与他的直线领导有着莫大的干系。

作为一名管理者，要了解下属员工的能力与优势，使他能够匹配岗位，发挥所长，为公司做出业绩，让员工体现出他的价值。

这就要求企业管理人员重视人才的培养，并且掌握相关的科学方法。一名管理者要成为一个优秀的教练，既能发掘出员工的潜能，又能有针对性地培养人才、复制人才，打造出一支富有战斗力的团队。

**直线领导是首席人才官**

一个企业往大了看，无非做两件事：管人、管事。

很多企业在创建初期，往往是公司的直线领导亲自面试招人，专门做管人的工作。在规模逐渐发展壮大以后，事务变得繁杂，部门设立齐全，很多直线领导反而不再亲自招聘员工，而是把招人的事情通通交给人力资源部，自己却忙于研发、销售，甚至忙于开会，在管事的路上越走越远。

而由于疏忽了招聘人才、培养人才的工作，人才的不适用又往往导致经营者需要处理更多事务，疲于应付，想要找人分担又没有可用之才，最终形成了不良循环。

反观很多500强公司，业务做到跨国的规模，员工以万计数，却在坚持不让高管轻易下放招聘的权力，把60%以上的时间放在招选人才上。

阿里巴巴一度实行跨四级招人，比如一名大区总经理，他的职级下面还有城市经理、业务主管，然后是一线的销售或者客服，那么这名大区总经理就要直接面试到销售或者客服。

---

在行动教育，无论哪个岗位上的人员招聘，都需要经过一系列完整的流程。

在各分公司，每招聘一名员工，需要人力资源部门筛选简历，由主管招聘的人资部同事进行初面，再由用人部门的总监进行二次面试。接下来，是行动教育创办以来一直坚持的“三级招聘”的最后一步，由用人部门主管的上司，也就是总经理进行第三次面试。如果是在总部，进行最后一面的就是集团CEO李践老师。

各个岗位，不论工种，不论职级，都要经过这样的招聘流程，一一通关，才算是一名合格的“行动人”。

---

我在行动教育工作十多年了，集团始终把“招才选将”视为企业的第一发展战略，而我自己所带领的企业大学咨询专家团队，每个成员也都是经过我亲自挑选的。在这种挑选之前，我已经持续观察了对方很长一段时间，是在确认了他各方面都符合我的要求，敢干、能干、愿意干时，我才向对方伸出橄榄枝的。

事实也证明，正是这样由用人部门的直线经理精挑细选，把选人的工作放在最前面，才能在接下来的业务中，事半功倍地做好事情，完成任务。

### 3．员工的思维革命

企业建立人才生产线，培养复制人才，最大的受益者是谁?

其实正是员工本人。

服务企业时我曾经碰到这样一名员工，已近40岁的人了，工作十余年，仍然只是财务部门的一个小主管，在公司中看不到晋升的机会，也已经很多年没有加薪了。我问他：“这十几年中，你有没有参加过公司的培训，或者其他方式的学习？”“没有。”“从来没有吗？”“从来没有。”

这是一个非常极端的例子，但这样的情况在现实中又很普遍。有的人工作了十年，只是把工作经验重复利用十年，既然如此，当然也只能领到十年前的薪水。还有人以为学历很重要，考上好专业好学校就能吃一辈子，殊不知，学习力才更重要，学历证明的是过去的成绩，而学习力才能决定未来能走多远。

如果没有持续学习的能力，就会在职场上止步不前。当其他人都在学习，都在往前进的时候，停留在原地的人，自我不成长的人，就必然被淘汰。

更令人焦虑的是，我们生活在这个科技日新月异、一日千里的时代，员工如果不成长，淘汰他的不仅仅有身边的同事、领域里的同行，还有可能是远在千里之外、悄无声息地被开发出来的人工智能！

---

过去，人们对“机器人”的印象是能出力气干粗活，能干不要技巧的笨活。如今，人工智能的发展越来越“高智商”，不仅能做需要“动脑”的工作，更能以惊人的速度“秒杀”人类。

比如设计师。过去每年为了迎接“双 11”，阿里巴巴的设计师们都要开启疯狂加班模式：做海报、改文字、换商品、调设计、换 banner（广告横幅）。一个“双 11”下来，要完成上亿张海报。2015 年，阿里巴巴内部成立项目，开始研发能够自主设计海报的人工智能系统——鲁班。2016 年“双 11”，鲁班首次登场，最终制作了 1.7 亿张广告 banner。这么多张海报如果全靠设计师手工完成，假设每张图耗时 20 分钟，也需要 100 个设计师连续做上 300 年。2017 年“双

11”，鲁班已经可以一天制作 4 000 万张海报，平均每秒可设计 8 000 张海报，并且每张海报都会根据商品的图像特征专门设计，每张海报都与其他海报不一样。

比如编辑。2017 年腾讯媒体 + 峰会上，腾讯首席运营官带来了一位手速超快的写稿机器人“嘉宾”——Dreamwriter。它是中国首家智能写作平台，写稿速度快达单篇全文 0.5 秒，能够做到对体育赛事、财经行情等的全方位监控和 24 小时自动播报，零时差抢占报道先机。

假如你是一名平面设计师，或者一名新闻编辑，看着这些能够自动设计海报、编写新闻的人工智能继续更新，你还敢不学习、不培训，还敢停留在原地，等着终有一天，被人工智能取代吗？

工业革命的时候，蒸汽机的出现让许许多多传统守旧的手工作坊倒闭破产，无数人失去工作，沦落街头。而那些能够接纳变化，主动学习，从零开始，利用机器创办新型工厂的人，最终在大变革中生存下来，成长为行业巨头。

现如今，得益于科技的飞速进步，人工智能的惊人发展，我们生活的每一瞬间都有着机遇，也有着被颠覆淘汰的可能。作为智能时代的员工，只有保持终身学习的心态，提升自己的学习力，努力打造自己的优势，才有可能在这个机遇与风险并存的年代，为自己谋取到足以安身立命的职位。

## 第二节
## 格局革命

创办一家企业的基本目标是什么？大部分企业家的答案可能是一样的——为了创造财富。毕竟这是企业的根本出发点，毕竟在商业社会里，任何不能盈利的企业都是无法立足于世的。

但除了创造财富，企业家还要担负什么样的使命呢？

### 1. 企业家的社会责任

在经营企业方面，身为“日本四大经营之神”之一的松下幸之助有着独特的观点。在松下电器还是一个成立不足10年的小公司时，他就向员工们这么说：“你们去客户那里拜访的时候，如果人家问松下电器是生产什么产品的公司，你们就回答他们说，‘松下电器是培养人才的公司，顺便也生产电器产品’。”

做产品前先育人，企业应该以育人为主业，把生意当副业。为什么松下幸之助会有这样的经营理念呢？

原来他认为，“一个人的尊严，并不在于他能赚多少钱，或者获得了什么社会地位，而在于能不能发挥他的专长，过有意义的生活”。基于这一点，企业培养人才，能让员工更加胜任工作，过上更有尊严、更有意义的生活。员工对工作的满意度提升，劳动效率提高了，企业创造的财富也就会增多，为社会所做的贡献也就增大，一切都进入了一个良性的循环。

从松下幸之助的观念中，我们看到了一名企业家的担当。身为企业家，所要担负的社会责任中，培养人才是最重要的一项。

往近了说，培养人才是为了满足企业自身的发展需求，是为了帮企业谋求更多的财富，毕竟没有人才，再好的产品也卖不出去，再美好的愿景也无法企及。

往远了说，培养人才也是推动整个行业职业化、专业化发展的先决条件，是企业家为社会所做的重要贡献。

培养好一个员工，他给企业带来的是利润。培养好一群员工，为企业带来的不只是财富，更有美好的声誉，有良好的品牌和社会价值。

---

“人才培养最好的标准之一就是输出人才，希望未来中

国500强中的CEO有250个以上来自阿里巴巴。”马云的这番豪言壮语背后，潜藏的正是一颗为人师长的热心。

阿里巴巴创建十多年来，培养出了一大批优秀的人才，已经离职创业的有滴滴出行创始人程维、美团的二号人物干嘉伟、挖财网CEO李治国、蘑菇街创始人陈琪、唱吧创始人陈华、同程网创始人吴志祥等，他们几乎都是各自行业的领头羊，创办的企业形成了一个庞大的“阿里系”，总估值超过了5 000亿元。

这些人创办的事业也延续了阿里的价值观。阿里巴巴的使命是“让天下没有难做的生意”，滴滴出行是让出行变得更加简单快捷，挖财网是让理财变得更轻松……阿里巴巴培养的人才，都有着一种相近的精神面貌。

十年育树，百年育人。立志成为百年老店的阿里巴巴不断地培养人才，为中国培育出许多优秀的创业者、企业家。

针对这番景象，马云说：“感谢所有阿里巴巴出去的人。衡量一家公司的好坏不仅仅看这家公司里有多少现有的人才，还要看离开这家公司的人，是否带着公司的使命、价值观和理想，去为社会做出贡献。我看到我们很多公司的同事，离开公司以后不仅仅是实现了为自己赚钱，实现自己的价值，大家很多的精力是在解决社会的问题。”

乐于培养人才，敢于培养人才，以办学校的心态办企业，以当校长的心态当老板，是一个企业家的远见与格局。桃李满天下，是校长型企业家的美好追求。

**2．高管的企业责任**

管理大师德鲁克在他的经典之作《管理的实践》中，提出了一个观点——“管理的核心是责任”。意思是说，让正确的人承担正确的责任，是管理的最基本原则。他还在书中强调，企业让人力资源部门负责人才培养是一种错误的责任，正确的做法是让管理者真正承担起培养下属的责任，这才是人才培养的关键。

因为培训最根本的目的，是让员工能够胜任岗位。

身为一名高管，如果不把下属培养出来，可能就要自己身兼数职，四处救火，四处奔忙，疲于应付具体的事务。因为他忽视了人才的培养，既然他不培养，没有胜任的人可以用，那就只能自己干。更糟糕的是没有人可以升上来，也会影响他继续往上升职，形成了一个无解的困局。

---

2016年，京东CEO刘强东在集团战略会上提出了“人事管理八项规定”，其中有一个“Backup原则”，也就是培养继任者的管理原则。京东规定，所有在岗两年以上的总监级以上的管理者，必须找到公司认可的可继任其岗位的

候选人，如果在该管理岗位满两年仍然没有合格继任者，则该管理者将予以辞退。

有人说这个制度太残酷了，有了 Backup 之后，不培养下属，公司就能把我开掉。其实他应该反过来想，如果下属没有成长起来，团队业绩不好，管理者也只能落得一个被淘汰的结局。下属培养好了，团队的业绩成倍增长，团队的成功就是团队领导的成功，高管自己不就能借此晋升了吗？

一个良性发展的企业，管理者层级越高，越应该专注于人的培训，把培养下属、让人才遍地开花，视为自己应尽的企业责任。

---

万科早就明确管理者是人才培养的主体原则，将员工敬业度评估和改善作为管理者年度述职的核心内容；在领导力模型中明确团队领导和培养下属等素质，并大力开展相关的培训；在 KPI 中建立“优才成长指数”“员工敬业度与满意度综合指数”等指标，固化管理者的责任。

通过多种措施，万科打造了一支善于培养人才、建设团队的管理者队伍，塑造领导者培养领导者的“传帮带”文化，从而使得优秀人才的“冒尖”生生不息。这是优秀企业的最大特点，也是其与一般企业最大的区别。

---

对一个企业中的管理者而言，主要职责就是选择人、培育人，驱动别人完成任务。一名管理者的职级越高，他培养人才的任务就越重。杰克·韦尔奇把他百分之八九十的时间花在管理和培养人才上，马不停蹄地在世界各地奔忙，管控各个部门领导人的工作，通过亲自授课去培养人才，这正是一名管理者应负的企业责任。

## 第三节 策略革命

什么样的企业才是最好的企业?

有的企业高瞻远瞩，能够准确地预测未来，抢先入局，占据行业第一；有的企业研发能力超强，推出的产品让客户一路追随，欲罢不能；有的企业造富能力惊人，创造了令人咋舌的财富神话。

然而，这些都只是一个好企业的不同侧面。透过表面，我们能够发现，预测未来的是人才，开发新品的是人才，营销产品的依然是人才。归根结底，一切功劳归属于人才。

一个最好的企业，必然是拥有最多人才的企业;一个最好的企业，必然也是一个能够培养复制出最多人才的企业。

### 1. 企业=学校

一家好的企业，有着远大目标的企业，都应该成为一所大学，没有围墙的大学，做好人才培养与复制。

十年树木，百年树人。人才复制是一个长期的积累过程，它需要一步一步地往前走，有春耕有夏种，才有秋收和冬藏。早一天把人才战略视为第一战略，企业就早一天成就百年基业。

正如卡罗尔·德韦克在《终身成长》中所说，如今企业的成功需要“人才型思维模式”，企业应该像俱乐部花大价钱签约杰出的运动员那样，不惜重金招募人才、培养人才。

意识到了人才培养与复制的重要性，企业家要马上改变经营策略，不要只着眼于做事，一定要重视复制人才，把企业办成学校，把企业办成复制最多人才的最好企业。

---

我们服务的广州奥比亚皮具实业有限责任公司位于素有“皮具硅谷”之称的花都狮岭，当地总计有8 000余家皮具企业。企业林立，竞争激烈，淘汰率也高，每年都有数千家同行因为种种原因倒闭关门。

奥比亚在激烈的竞争中成长，董事长感慨颇多：“我们能够坚持下来，是因为不断学习。”“经营企业的最高境界就是培养人才。”

有感于不断的学习与创新才是企业立足于市场的首要条件，有感于皮具行业的前途远大而现实虚弱，奥比亚有了建立行业商学院的初心。它们牵手行动教育，联合广州美术学院，合作共建奥比亚皮具大学。这个企业大学也得到了政府的大力支持，鼓励它做成皮具加工行业的职业技术培训学院。

在经营上，奥比亚按照学院的理念管理企业。企业就是学校，董事长担任校长，各业务部门副总就任副校长。走进奥比亚皮具公司，处处可见学习的标语，董事长办公室叫决策力学院，设计中心叫设计学院，生产管理中心叫生产管理学院，企业内外充满了学习的氛围，企业大学为奥比亚的自身成长输送了许多人才。

创办奥比亚皮具大学以来，公司内部的产品研发标准出版成书，被广州美院用作教材，公司成为美院的实习基地，并成为行业的领跑者和皮具生产的国家标准制定单位。

---

随着知识的更新迭代越来越快，市场竞争越来越激烈，员工适应岗位的能力也会变化得越来越快，要求越来越高。

比如在电脑刚刚兴起的时候，中文的输入很困难，会用五笔输入法、打字速度快人一步的人就显得竞争力突出，能够得到一份安稳的工作，甚至还衍生出一个专门的职位——打字员。

科技发展到今天，越来越智能的输入法被创造出来，拼音输入变得很快捷，直接录入的语音也可以转换成文字，一个人会不会用五笔输入法，对他的工作几乎毫无影响。

今天我们去看当年的打字员，他们中的大部分人，顺应了科技的发展，学习排版、设计，变成了专业的广告从业者，而那些只会文字录入的打字员早已经从市场上“消失”。

当今社会，唯一不变的就是变化，各行各业都充满了变化与竞争，学习的重要性不言而喻。一个员工，只有通过学习，才能取得进步。从入职适应岗位，到晋升发展，都要学习职责所要求的技能、知识。

员工最好的状态，就是把学习当成工作，把学习培养成习惯，把学习变成自己的第一需求。公司的、行业的，知识无穷无尽，活到老学到老，把学习刻入自己的基因，融入自己的血液。

一个企业，是一群员工组成的团队，团队的学习能力强，企业的学习氛围浓厚，必然有助于企业提升综合实力。企业最好的状态，就是变成一所学校，鼓励全员接受培训，参与学习，这样才能适应科学技术的发展，最终实现转型升级、持续发展。

**2. 董事长 = 校长**

把企业打造成学校的路上，董事长的作用不可忽视，董事长的参与程度直接决定着企业人才复制的成果。

得人才者兴，失人才者亡，这是企业的生存法则。富有远见卓识的企业家正是看透了这一点，从战略上重视人才的培养，从而将企业打造成了百年基业。

卓越的企业家以培养人才为重任，以能够给予员工学习成长的空间而自豪，不仅从战略上予以重视，也在资源上大力倾斜，在助人成长的同时，完成巩固企业根基的大计。

现实中，我也常常在课堂上听到企业家们感慨：“员工能把企业当成学校一样，用心学、努力干，那种氛围是很不一样的，很有劲头。”

“我把他们（员工）当成自己的兄弟姊妹，手把手地教，在培养他们成长的同时，我感觉自己的付出得到了最大的回报。”

提倡“董事长就是校长”，意味着在企业大学的运营中，他起码要做到两点：

- 战略上予以支持，在培训过程中，董事长亲自参与企业大学的授课。

重视培训、重视人才，不能只是口头上的号令，董事长参与授课，是企业重视人才战略的最佳体现，也是把人才培养工作落到实处的重要一步。

在这一点上，通用电气 CEO 韦尔奇是一个杰出的表率，他在内部企业大学讲授 4 门课程，每月前往授课一次，一讲就是大半天。

这样的授课他坚持了20余年，亲自培养出近2万名经理级别的员工。

- 资源上予以倾斜，全面配合人才培养工作。

用韦尔奇的话说，“对高级人才只要认为值得，付出绝不吝啬”。他上任之初，一边是大张旗鼓地削减业务、裁减人员，另一边却顶着嘲讽与压力，拨出4 600万美元完善内部企业大学，大力发展公司的培训事业。他对人才培养的投入由此可见一斑。

作为校长型企业家，能够拨出专门的款项建设企业大学，调配专业的人员开展培训工作，甚至只是开辟出一间教室，设定一个“学习日”制度，也是董事长对人才培养工作的投入，是实现企业“人人都是人才”的美好前景的重要一步。

### 3. 高管 = 教练

作为企业的高层管理者，最重要的事情是什么？

高管的责任，也是聚焦于人，把培养人才视为第一要务。

如果高管在他的管理生涯中，没有聚焦于人，他就永远不可能成为一个好的领导。

基层的管理者培养不出人才，或许还能自己身先士卒，冲锋上阵，带领团队去纵横市场。

但当一个管理者的职级越高，责任越重，业务越来越多，事情越来越杂时，一旦有点失误，没有人才，就会给团队带来致命影响，遭遇灭顶之灾。

高管与员工的关系，与教练和运动员的关系是一样的：只有把运动员培养成冠军，教练才能获得“冠军教练”的殊荣。他们的成就和荣誉是一体的，运动员从教练那里接受指导，教练从运动员的成绩中获取荣光。

高管也是如此，团队的业绩就是高管的业绩。员工表现不俗，业绩高，成就的也有团队高管，高管与团队是相辅相成、共同成就的。

聚焦于人，培养员工，教育员工，获取的是团队和高管的双赢。

---

万科的郁亮说过：“一位领导同时也要是一位老师，要帮助别人成长，这一点非常重要。我常当老师，我是公司内认证的五星级老师，因为我上的课多。新经理、资深经理的课我都要讲。每次我都要开出新的课来。我现在亲自在管一线总经理的培训问题。我要以身作则给他们上课，还要备新的课出来。”

万科将团队管理和人才培养的责任通过 KPI 落实到了各级管理人员的业绩合同当中，比如一名总经理的业绩合同中，明确地列出了“优才成长指数”“员工敬业度与满意度”等指标。通过内部各级管理者带队伍、培养人的能力持续提升，万科内部建立了“管理者培养管理者”的氛围与机制，促进了人才的加速培养。

---

万科在房地产行业堪称标杆，之所以能取得如此巨大的成就，能够一直领跑房地产行业，和它的人才培养方式有着密不可分的关系。

向这些标杆企业学习，把企业的高管变成员工的贴身教练，是企业培养人才的最有效方式之一。

马云曾经说过：“不会做教育培训的高管，充其量只是一个监工。”监工的作用能有几何？唯有培养人才，带领出优秀的团队的高管，才能为企业的发展添加动力，保驾护航。

# 第 二 篇

# 人才复制实效系统

# 第四章

# 人才复制战略

## 第一节
# 人才复制主张

行军打仗的子弟兵指的是将帅带领的由本乡本土壮勇所组成的军队。历史上，子弟兵军威赫赫，项羽带领八千“江东子弟兵”横扫天下，岳飞带领“岳家军”大败金军，戚继光带领“戚家军”痛击倭寇！

从一家企业的角度看，“子弟兵”就是由企业内部培养，认同企业的文化与价值观，契合企业发展需求的人才。

**1. 人才，就是企业的“子弟兵”**

决定一家企业能否在激烈的市场竞争中生存，要看企业内部“子弟兵”的战斗力；而决定一家企业能不能在生存下来后快速发展，更要看它内部培养人才的速度。

因为企业想要发展壮大，必须要靠人才。内部人才的培养速度跟得上，人才供应不成问题，企业就能持续发展，逐步升级。内部人才一旦匮乏，企业就会陷入发展瓶颈，甚至就此衰落。

---

改革开放初期的企业家马胜利曾经风云一时，1984年，他承包了石家庄造纸厂，革新生产，4年间使工厂利润增长近22倍。备受鼓舞的他决心承包全国20个省100家造纸企业，打造“中国马胜利造纸集团”。

集团在狂飙猛进的过程中，需要大量的管理人才，来不及培养，马胜利只好把原来石家庄造纸厂的班组长都派到其他造纸厂当厂长、总经理。结果不到两年，石家庄造纸厂重大亏损，造纸集团也随即解散。

---

对于马胜利来说，作为“承包国有企业第一人”，历史曾经给予他巨大的机遇，一举承包天下知，四年经营硕果累。可惜的是，机遇虽有，而人才匮乏，最终使他的事业以悲情收场。

今天仍有很多企业家忽视人才的培养，总是把希望寄托在“挖人”上。一有需求，或者一遇到问题，就指望引入外部人才，立竿见影地解决问题。

实际上，对于企业而言，用好外来人才更难。有统计数据表明，国内企业招聘空降兵的失败率高达90%以上，而且大部分不到一年就败走麦城。

外部引入的人才有着各自不同的职业背景和经历，他们的价值观、工作理念、职业诉求也都不尽相同，在日常的工作衔接和配合中，容易产生冲突和矛盾，导致企业资源被内耗，人心动荡不安。

这是企业难以用好空降兵的一方面，另一方面企业想要留住空降兵也很难。你能挖来的人，别人就能挖走。空降兵取得不俗的业绩表现，反而增加了他们被别的企业高价挖走的筹码。

通常，在人才运营方面，很多企业都走过这样的坎坷之路：企业发展壮大，感觉现有员工无人可用一花大力气招聘，请来外部人才一难以协调内部关系，外来人才纷纷离岗（或者业绩不俗，外来人才以此为筹码涨价跳槽）一重新起用老员工，着重培养子弟兵。

轮了一圈才发现，最合适的人才，还是企业的子弟兵。从业务上看，企业的子弟兵长期为企业服务，更熟悉企业的经营模式，清楚企业内部的真实状况。从忠诚度来看，他们与企业同步成长，工作理念与公司目标一致，更能认同企业文化和价值观，对于企业的忠诚度也更高。

总体来说，如果企业注重培养内部员工，持续提高其能力，一旦机会来临，激情满怀、愿意冲锋陷阵的是这些子弟兵，不离不弃、能够陪伴企业长远发展的也是他们。

## 2. 标杆，永远的复制标准

根据我们的观察，市场上 90% 以上的企业都存在人才紧缺的现象。我们每次在课程现场调研有没有感觉企业缺少人才，90% 以上的企业家都举手认同。

为了解决这个问题，企业家们也是想出了各种办法招贤纳士，每家公司的人力资源部门都马不停蹄，招聘软件、校园招聘、猎头公司数管齐下，招数频出。

现实中，企业的人才来源，就像著名的 3B 法则所描述的：第一个“B”是指 Build，企业自己培养人才；第二个“B”是 Borrow，从合作伙伴或者专业机构那里借专业人才；第三个“B”是 Buy，是指用高薪聘请技术和管理专才。

3B 法则中，后两者都受到市场、行业等客观条件的制约，成本较高，成果也难以预估和掌控。对于专业人才、高管人才，更是一将难求，有钱也解决不了问题，“借”或者“买”不到适合的人才。

针对人才匮乏问题，企业更应该把寻求人才的目光，从外部转向内部，加强第一个“B”（Build）的工作建设。毕竟内部员工更适应企业的岗位需求，同时员工本人也对企业的文化、制度、业务、流程等各方面的情况更为了解和熟悉。

“标杆管理”是现代企业管理的重要方法之一，这种管理方法，是指找到行业内最强大的竞争对手，或者行业的领导者，通过观察对方优秀的管理标准和经验，借他山之石以攻玉，进而加强企业内部管理，改进自己的产品生产流程，最终获取竞争中的胜利。

如今的市场上，淘宝曾经对标 eBay，最终打败对手，成为中国电商第一平台；滴滴原本对标 Uber，进而收购敌手，迫使 Uber 退出中国市场，这些都是运用标杆管理的成功典范。

企业内部培养人才，当然也可以借鉴标杆管理方法。所谓标杆，通常是业务或者技术上的高手、能手，他们在专业领域内有着过人的表现，积累了很多成功的经验教训。

把这些表现优异的员工遴选出来，树为标杆，对普通员工来说，其一是帮助他们认识自己与标杆之间的差距，找到努力的方向；其二是通过学习和借鉴标杆成功的技能经验，更有利于自身的成长。

---

北京新东方学校对分中心高级主管就是采取的对标培养策略。新东方的分中心高级主管相当于连锁店的店长，工作内容较繁杂，对个人综合能力要求也较高。在分中心高级主管的培养中，新东方将业务经验提炼成组织智慧，并将其总结成可复制推广的标准。

具体的操作步骤是这样的：

最开始，新东方让北京各区域总监推荐实践最佳的区域中心，并将其列为标杆。这些标杆中心总结实践的成功经验，并汇总至人力资源部门。

接着，人力资源部门组织最佳实践部门进行跨部门交流，通过分享和圆桌交流的方式，相互学习对方的成功经验。

最后，北京新东方学校会组织学习者到标杆中心参加最佳实践分享会。

在分享会结束后，学员们将被分配任务，制定一份计划书，规划如何改善自己的工作，将学习成果落地。导师会提供帮助，提交一份任务完成评估报告，以评估学员的学习效果。

对于优秀实践经验汇总形成的组织智慧，北京新东方学校会将其编辑成册，向全公司进行发布，保障标杆的优秀经验能够转化落地。

---

企业挖掘优秀的员工，把他们的知识、技能、经验、教训等加以萃取，整理成培训内容，把标杆的个人智慧转变为公司的集体财富，传承给其他员工，这是以标杆为标准，批量复制人才。

还有一种对标培养，是以终为始，企业将目前最需要、最理想的人才设定为标杆，以之为目的，按照要求去选拔、培育人才。新东方的“关键人才发展计划”就是这样一种标杆复制计划。

新东方"关键人才发展计划"是为业务的发展储备力量。实施这个计划的第一步，是先确定关键岗位及其任职要求，并与咨询机构合作，约谈公司内部总监及以上高管，多方面确定关键岗位对于人才的各项能力要求。

确定好关键岗位，再选出候选人，对其进行价值观、绩效、个人发展意愿、目标岗位胜任潜力的评估，最终由校长确定人选。岗位和人选都确定下来以后，就进入了发展和培养关键人才的阶段。

关键人才发展计划实施一年，共培育标杆人才 112 名，其中 16 名晋升为区域管理负责人，为北京新东方学校业务的发展培养了新势力。

企业内部稳扎稳打地建立起人才系统，以标杆为人才复制的标准，培养、复制值得培养的人，能够更有针对性地解决人才问题。

## 第二节
## 人才标准

如果把企业比作一栋大楼，那么人才就是搭建房屋的支柱。适应企业需求，与企业并肩作战的人才，能牢牢地植根于市场，给企业稳固的支撑。与之相反，无法适应企业发展，不能为企业创造价值的员工，就好比歪梁坏柱，给企业的发展带来隐患。

那么，我们如何定义人才呢？究竟什么样的员工，才是企业的栋梁之材呢？

图 4 是行动教育用来衡量人才的“胜任力模型”，是人才选拔和培养的标准。

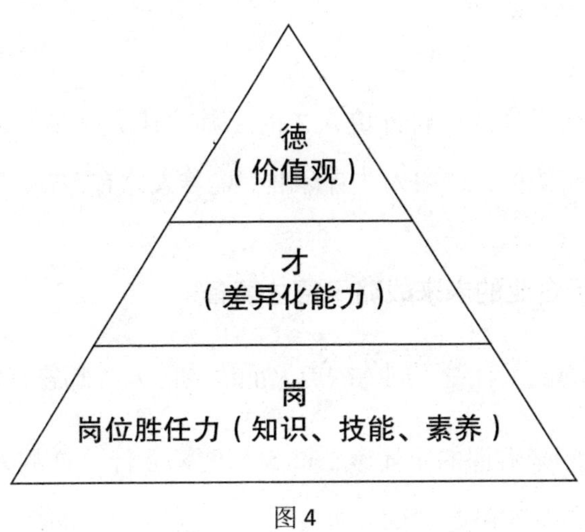


图 4

这个模型从三个维度——“德”“才”“岗”，来衡量一名员工。

具体而言，“德”看重的是个人职业道德和企业价值观的吻合。

一名员工加入公司，需要认同公司的文化，保持价值观的统一。因为价值观是刻入员工体内的“基因”。基因不对，努力白费；同德同心，才能同行。三观一致，员工的工作表现与公司利益才能够保持一致；三观不一致，在关键时刻，员工就有可能做出违背公司利益的事情，给公司带来不可估量的损失。

第二个维度“才”，指的是员工具备的差异化能力，员工在工作中的核心竞争力，比如思考模式、解决问题的方式、表达与沟通的能力，都属于这一部分。

第三个维度“岗”，指的是员工在任职岗位上工作所需要的知识、技能与素养。

胜任力模型作为一种评价人才的工具，其价值在于，能够让企业招聘人员有依据，选拔人才有标准，培养人才有方向。

**1. 基于企业的未来战略：德才兼备**

不合格的员工有着不同的缺点，而优秀的人才却总有相似之处。

我每次问来听课的企业家：你最想要招到什么样的人？被提到的频率最高的答案就是“德才兼备”。

可以看到，“德才兼备”的人，是企业孜孜以求的人才，也是企业用人的理想标准。

那么哪种员工符合这个标准呢？

马云在谈到阿里巴巴的用人之道时，曾讲过这样一段话：

“中国企业很少说使命感、价值观、理想、共同目标，而国外企业讲得最多的就是使命感和价值观。谁都知道现在的阿里巴巴公司，是一个汇聚世界精英的团队，但是，平时我们在用人上，‘精英’却不是首选，甚至连第二都排不上，我们选的是对公司的价值观有认同感的人。

我觉得人才进入我们公司以后，必须要认同我们的文化，认同我们的理想，如果不认同我们公司的目标，大家可以分手。进我们公司有一个月的专门培训，从第一天起，我们说的就是共同的价值观、团队精神。我们要告诉刚来的员工，所有的人都是平凡的人，平凡的人在一起，做件不平凡的事。如果你认为你是‘精英’，请你离开我们。”

其实马云的这种用人观念，就是对“德才兼备”的一种注解：对于一家企业来说，认同企业价值观的员工，才是具备了企业所需“品德”的员工。

很多人都知道，阿里巴巴现在践行的价值观被称为“六脉神剑”，内容包括“客户第一、团队合作、拥抱变化、诚信、激情、敬业”（见图5）。其中的“诚信”更是阿里巴巴价值观的红线。

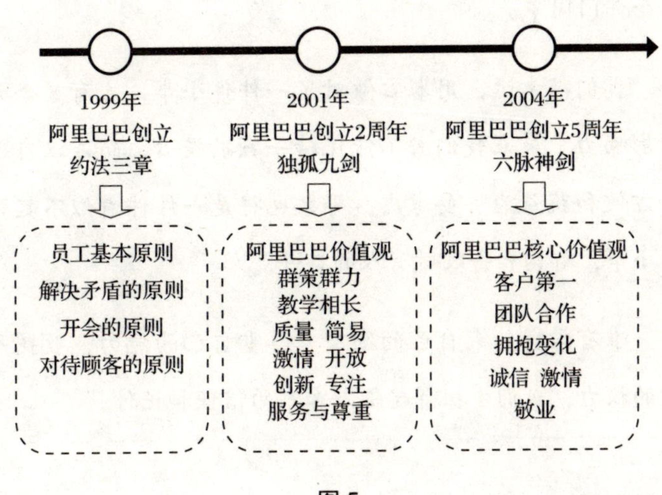


图5

2016 年 9 月，阿里巴巴发生了著名的“月饼事件”，起因是公司把中秋福利剩下的月饼通过内网，面向员工以成本价销售。安全部的 5 名程序员利用网页漏洞作弊，多刷了 124 盒月饼。阿里巴巴的行政人员立刻约谈当事员工，迅速劝退了他们，原因正是他们违反了公司的价值观，踩到了诚信的红线。

很多人不能理解阿里巴巴的做法，认为小题大做，企业文化不能容错。然而阿里的首席人才官是这样解释的：

“只有一个建立在信任基础上的团队才能走得长远，打得起硬仗。我们必须反复提醒自己，要善待手中的权力，也像爱惜自己的眼睛一样爱惜别人对自己的信任，爱惜自己的才华，更何况是以攻防网络灰黑产和反作弊为己任的安全部门同事。

我们很幸运，用本心做对了一件件小事，才有了今天的影响力；未来我们若不能保持一颗敬畏心，而是以自己的方便和获益为首要考虑，那么也将是一件件看似不起眼的小事，解构和击败所有人的奋斗。

唯有学会约束自己的欲望，尊重自己的能力，敬畏手中的权力，我们才担得起亿万客户的信任和托付。”

如果阿里巴巴不对犯错的内部员工采取雷霆手段，不从每件小事上维护价值观，那么价值观就只能是墙上贴的海报，高高挂起，无人践行。员工做不到从内心视企业的价值观为第一信条，也不可能从根本上具备企业所要求的“德”。

作为互联网企业最重视价值观的公司之一，阿里巴巴不断地把价值观灌输给员工，对员工进行价值观的考核，设立了从不合格到合格、良好、优秀、楷模五个行为评价标准。比照这些标准，员工对自己的行为等级有了直观的衡量，直接给自己打分，主管或者直接领导再给予评分确定，最后的分数纳入年度总考核，比重高达50%。不认同价值观的员工，就毫不犹豫地裁掉，留下认同价值观、具备企业所需“德”的员工，给他们尽情发挥“才”的平台。

正因如此，阿里巴巴才有了独特而强大的企业文化，有了百年企业的恢宏气象，能够跻身全球500强企业之列。

今天有很多企业在招聘、选拔人才时，看重的是工作经验、学历证书，却忽视对价值观的考量与相关沟通。员工进了公司以后，有人工作能力虽有，却行为散漫，连公司“上班期间不能玩微信”的规则都不能遵守；有人业绩非常突出，却对公司不够忠诚，甚至为了一己私利出卖公司的核心技术，或者带走公司的重要客户另起炉灶。

可见，德才兼备是企业用人的首要条件。先有“德”，后有“才”，“才”一定是建立在“德”的基础上的，否则这个员工再有能力、再有学识，也无法为企业所用。

---

“没有人才，一切归零；没有道德，人才归零。”这是董明珠的人才观。她曾经招来一位清华大学的博士后，希望这名高才生从材料上给格力带来突破，降低产品的成本。

这名高才生研发出了一款空调，这款空调运行或者不运行，从外表是看不出来的。制作这样的空调，每台大概可以节约40元成本。

董明珠仔细观察后，发现这样的思维是偷工减料，钻客户的空子。虽然达到了减少成本的目的，却违背了企业服务用户的初心，最终伤害的还是企业自己。这样节约出来的成本，还不如不节约。这样的高才生，在专业知识上富有才华，但是他的价值观与企业不匹配，“德”不具备，“才”也剑走偏锋，并非企业所需要的人才。

---

德才兼备，“德”在“才”之先，唯有认同公司价值观的员工，具备公司所要求的职业道德的人，才能在充满竞争与变数的市场上，对工作尽职尽责，与公司风雨同舟。

“才”为“德”之辅，对公司忠诚，对岗位能够胜任，相得益彰，这样的员工才能为公司创造宝贵的价值。

### 2. 基于当下的绩效改善：岗位胜任力

几乎企业的每位经营者，都希望自己的公司内部每个岗位上的员工，都能够胜任职责，发挥潜能。

但是，什么样的员工，要具备什么样的能力，才能胜任岗位职责呢？

这曾经是一个难以作答的问题，各个组织的经营者、管理者也曾在探索这个问题的答案中，走过漫长曲折的道路。

---

20 世纪 50 年代之前，美国的很多企业以智力甚至性别等因素来评判一个员工是否值得雇用。当时的美国外事局也是以智力高下为考量，来选拔外交官的。然而，效果并不理想，很多表面上很优秀，能够在考察中取得高分的人，在实际工作中却令人失望。

哈佛大学心理学教授麦克里兰博士应美国外事局之邀，为之设计了一种人才选拔方法，以用来预测外交官的实际工作业绩。

在研究过程中，麦克里兰发现，比起那些业绩平平的外交官，表现优秀的外交官身上具备的素质并不是由智力造成的，而是以下三种：跨文化敏感性（能够预知外国人真正表达的意思和反应）、对他人的正向期待（能够尊重别人的价值观，尊重差异的存在，即使有压力，也能维持这种正向的看法）、人际影响力（能够快速洞察政治领域的人际网络，并且融入和影响他人）。

1973年，麦克里兰博士在杂志上发表文章《测量胜任力而不是智力》，开启了全球关于胜任力的研究与实践。

在这篇文章中，麦克里兰引用了大量的研究资料，说明滥用智力测验来判断个人能力是不合理的，强调组织的管理者、经营者回归现实，从第一手材料入手，以行业中的优秀人才、标杆员工为对象，直接发掘他们身上能够真正影响工作业绩的个人条件和行为特征，也就是被他命名为“胜任力”的素质。进而建立胜任力模型，用来促进组织的绩效改善，指导个人实现事业的成功。

---

胜任力理论被提出以来，在各国企业中得到广泛应用，有资料显示，全球500强企业中超过半数的企业应用了胜任力模型。

20世纪90年代，中国许多企业接触到了这一理论，它们开始在专业机构的帮助下，建立胜任力模型，用来指导企业人才的选、育、用、留。知名的通信企业华为公司的老总任正非甚至把它视为华为成功的三大法宝之一。

但在现实中，很多企业在人才的选、用、育、留方面仍然没有形成标准体系。员工的招聘凭感觉，奖励、晋升、淘汰都是看业绩。

我甚至遇到一位企业家，在聊到自己企业的用人标准时，用调侃的语气说：我们招人看长相，加薪看心情，提拔靠关系，考评看交情。

这种情况直接导致员工的离职率居高不下，好不容易招来的人，一个不适应就辞职走了。留下来的人，也不清楚自己的职业发展通道，感到前途迷茫。人力部门一年到头最主要的工作就是招聘，花在培训上的时间少之又少，而这又进一步导致员工的不胜任、淘汰率高。追本溯源，这和企业没有明确各个岗位的胜任力关系甚深。

岗位胜任力能够清晰地规划出每个岗位所需要的知识、技能和素养。它可以是招聘时的用人标准。即使招聘管理人员，中层和高层也有区别，“将兵之将”和“将将之将”也有不同。在招聘时，以岗位胜任力为依据，考察面试者是否具备相应素质，才能让合适的人做合适的事。

岗位胜任力是员工晋升的依据。一名业绩出色的业务员，能不能让他转岗为管理者？他有没有相应的能力，把自己的成功经验传授给别人，帮助别人提高业务水平，带领团队并肩作战？通过建立岗位胜任力模型，这些问题就能找到答案。

岗位胜任力同样也是培训的辅助工具。基于胜任力，为员工开发有的放矢的培训课程，内容会更有针对性，也能够获得更佳的培训效果，进一步开发员工的潜能。

图 6 是行动教育集团针对“总经理”一职所创建的岗位胜任力

模型，我们以“岗”——岗位胜任力为例，来判断一名管理者是否具备“总经理”的胜任特征。

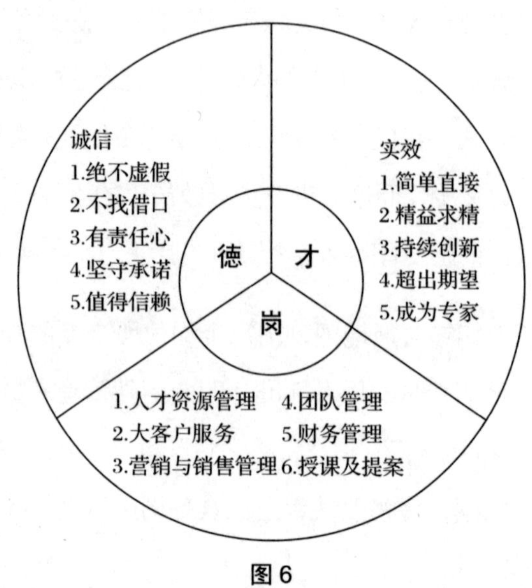


图6

首先，我们以行动教育内部担任这一职务的标杆总经理为样本，考察他们与普通员工的区别。

其次，这种考察并非仅仅关注结果，而是基于整个工作流程，综合考虑他们在工作过程中的每方面的表现。

例如，在进行了这样的研究考量之后，我们发现，那些标杆总经理在“大客户服务”方面，表现出来的优秀综合素质是能够主动、热情、周到地为大客户服务，想客户之所想，深入了解并且能够给客户提供高质量的服务，挖掘他们更深层次的需求，成为客户信赖的专业顾问。

比如在客户来参加课程之前，为客户开定向会，了解客户来参加课程培训的需求，所想要解决的问题，想要收获的成果，为之制定学习机制。

在客户参加培训之后，会进一步在企业内部协助转训、落实工作改进计划。之后在具体的项目落地过程中，如果客户有需求，能够继续为客户提供有针对性的解答以及专业上的帮助。

这是行动教育集团“总经理”岗位胜任力模型的内容，有了这个模型，行动教育的人力资源部门在考察、提拔总经理时，就有了评判的标准；行动教育的总监想要晋升为总经理，也就有了努力和提升的方向。

从这个角度来看，企业如果能够建立岗位胜任力模型，员工的选、育、用、留有了科学的依据，能够进一步促进绩效改善，而员工也有了清楚的职业发展规划，真可谓双赢之举。

## 第三节
# 人才规划

凡事预则立，不预则废。企业在明确人才标准之后，开展具体的培训培养工作之前，还有一项不可或缺的工作，那就是人才规划。

人才规划是一个系统工程，也是公司战略规划的一部分。人才规划，并不是简单地加人、减人就可以的，而是基于战略，对企业的人才需求、选拔、培养作整体规划。

### 1. 质的盘点：271 法则

在做人才规划之前，需要对企业人才进行全面的盘点，也就是摸清企业的用人情况。

通过人才盘点，可以了解企业里面有哪些人表现突出，能够担当重任；有哪些人富有潜力，值得重点培养；有哪些人岗能不匹配，需要换人或者换岗。

韦尔奇担任 GE 的 CEO 期间，提出了著名的 271 人才法则：一个企业中，20% 的人才是精英，很优秀，能够委以重任，企业也要花血本投资到他身上。还有 70% 的人才是合格的，绩效达标，投入精力去培养，他们也有可能成为优秀的 20%。至于剩下的 10%，道不同不相为谋，应该坚决淘汰，尽快请他离开。

很多企业的经营者在实行末位淘汰时往往很犹豫，即使发现员工不合适，也下不了决心请他离开。

如果你也是这样的经营者，那么，当你犹豫的时候，你要反复地问自己：你不想让他走，是因为你舍不得投入在他身上的成本，还是因为没有接替他的人？

你舍不得投在他身上的成本，但是留下他更是一种浪费。这个员工他自身能力没有增强，职级也升不上去，难道他不痛苦吗？难道他不应该去寻找更适合自己发展的企业吗？

如果是因为找不到接替的人而痛苦，那就更应该做好人才盘点，未雨绸缪，贯彻末位淘汰制度，做好人才规划，不要让企业陷入无才可用的困境。

---

行动教育严格按照 271 法则进行人才盘点，集团总部、各个分公司、各个部门，每半年就要进行末位淘汰。

公司执行 271 法则严到什么程度？我们有一个 7 人专家成员组成的项目组，每位成员都出类拔萃，是在专业上非常精通的人才。但即使这个项目组，也严格实行末位淘汰，把评估下来排名在最后的一位专家请走。虽然这名专家和其他人员比有优势，但是在专家组里面，他是最后一名，所以要淘汰。我们本来压力就很大，一个月起码有 25 天在出差。盘点以后，又少了一个做事的人。但是行动教育的理念是，没有合适的人，不接或少接项目；等到有了合适的人再接，做到人在事前，宁缺毋滥，遵循标准，保证质量。

在行动教育，不管是董秘办，还是只有三个人的部门，都存在末位淘汰，都要严格推行人才盘点，贯彻 271 法则，做到宁缺毋滥，优中取优。

每年在半年度会上，集团董事长都会下达“最高指示”，提出下一个半年的业绩目标。为了完成目标，集团贯彻“人在事前”的理念，想要做业绩，先要回到各个分公司，把自己公司的人才按照 271 法则进行盘点。排在末位的 1，尽量在一个月之内请他离开，以免影响 7 和 2 的工作。

李践老师多次强调，行动教育要成为世界一流的商学院，先要有一流的员工，为此，把 271 上调到 262 也是有必要的。

利用 271 准则进行人才盘点的过程非常重要。在这一准则中，被归为 10% 的那些人，可能连提升自身能力的意愿都没有。企业如果留下他，没有彻底执行 271 准则，那么，在培养人才的第一步——选才上，就会出现目标偏差和资源浪费，最终影响企业人才规划的顺利施行。

所以，要通过人力资源的盘点，先算后做，提前规划，有目的、有侧重地培养关键人才，从长计议，搭建企业的人才生产线。

### 2. 量的预算：4×3 人才预算表

进行了人才质的盘点，企业有多少合格人才、胜任人才、绩优人才，人力资源部门了然于心。那么下一步，就是进行人才量的预算。

我们在进行实地调研的时候，常常问各个企业里的人力资源总监，有没有每年进行人才预算？然后发现几乎所有的人力资源总监都回答说：只有财务方面有做预算，每年的工资、福利怎么发，财务都有预算。

其实，人才预算不应该只是算钱，人才预算不仅和钱有关系，还和财务有关系，尤其与用人主管有很大关系。不做好人才预算，最后的人才培训项目就难以落地。

那么人才预算怎么做呢？我们也有一个专业的工具——4×3 人才预算表（见图 7）。

| 2017年目标（销售目标） | 老业绩目标（2016年完成量） | 新业绩目标（2017年新增量） | 新增人才培养目标 |
| --- | --- | --- | --- |
| 生产 | | | |
| 研发 | | | |
| 营销 | | | |
| 后勤 | | | |

图 7

这个表格的基本逻辑是以终为始，先设定企业的年度业绩目标，再进行人才的预算，以匹配目标需求。

---

行动教育曾经为一家服装企业提供服务，这家企业在2016年的营销额是4亿元，员工近500人。2017年它确立了销售额目标——要增长25%，做到5亿元。有了这个目标以后，接下来要布局战略。

企业的组织架构决定了企业的能力，这家公司之前的销售额为4亿元，在全国只有100家直营门店。那么，接下来想要做到5亿元，可能就要相应地调整组织结构，增设分店，进军地级市。

顺着这个组织结构往下探究的话，人是否要做调整？人到底是增加还是减少？总体上来讲是增加，但不是盲目地增加，盲目增加会导致工资成本剧增，也会给企业带来巨大的负担。

企业需要重视人才的引进，前提是根据企业的业务目标，调整组织架构，最后从这个架构梳理出来，落实到具体的部门、具体的数量。

4×3 预算表的前提是设定企业有四大常规核心业务部门，第一个是营销，第二个是研发，第三个是生产，第四个是后勤（见图 8）。后勤的定义相对广泛，包括人力资源、财务、采购、工程等。

| 2017年目标 | 老（2016年完成量） | 新（2017年新增量） | 新增人才培养预算 |
|---|---|---|---|
| 5亿元 | 4亿元 | 1亿元 | |
| 营销 | 2016年完成4亿元销量<br>直营门店：100家<br>需：420名员工（平均4人/家，总部20人）<br>薪酬成本：420×7万元=2940万元 | 2017年新增门店30家<br>平均4人/家门店<br>（假设原有员工效率不变） | 新增120名门店员工<br>新增薪酬：120×7万元=840万元 |
| 研发 | 2016年完成款式设计：200个<br>需：10名研发设计人员<br>薪酬成本：10×12万元=120万元 | 2017年新增设计款式：50个<br>新增25%研发设计人员<br>（假设原有员工效率不变） | 新增3名研发设计人员<br>新增薪酬：3×8万元=24万元 |
| 生产 | 2016年完成量：4亿元<br>需：35名生产管理人员<br>薪酬成本：35×8万元=280万元 | 2017年新增产量：1亿元<br>新增25%生产管理人员<br>（假设原有员工效率不变） | 新增8名生产管理人员<br>新增薪酬：8×8万元=64万元 |
| 后勤 | 2016年后勤员工20人<br>薪酬成本：20×10万元=200万元 | 2017年新增25%后勤员工<br>（假设原有员工效率不变） | 新增5名后勤员工<br>新增薪酬：5×10万元=50万元 |
| 备注：为简化人才预算模型，本预算做了如下假设：<br>1.2016年原有员工的效率不发生变化；<br>2.2017年新增员工的效率与老员工的平均效率相等；<br>3.新老员工都未发生离职现象。 | | | |

图 8

按照这样的逻辑进行梳理，这家企业在 2016 年，实际完成销售额4亿元，4个核心部门需要500余人。2017年，它想要增长25%,达到5亿元销售额,按照人均产值来计算，哪些部门需要新增多少人员，答案就出来了。

当然，这是理论上的算法，建立在员工的业务水平保持一致的假想之上。在实际操作中，还会有一些变量存在，比如原有员工的淘汰、新员工与老员工能力不一样等。此处忽略具体细节，重点阐述其内在的逻辑。采用有着以终为始、科学规划的思路，企业如何进行人才规划就会比较清晰了。

人才预算是企业战略工程的一部分，明年需要的人才，今年就要提前三个月开始进行了。结合271准则，先进行人才盘点，再结合人才预算表，双管齐下，对企业进行人才规划。

行动教育在每年的10月开始做来年的人才预算，根据公司的战略、目标、架构等进行推算。具体则由人力资源部门的总监牵头，联合各个用人部门进行。比如我们企业大学咨询事业部，结合公司的战略目标，这个战略目标包含来年完成多少个项目，做多少业绩等内容，根据这个目标，先行盘点，淘汰不合格人才，计算出需要新增的人员，再进行上报。

人才预算贯彻的是“永远先人后事，人在事前”的原则，先算后做，有的放矢，明明白白培养人才。以人才战略为企业的第一战略，以人才的成功为企业成功的基石。

# 第四节
# 人才营盘

一家企业立足于市场，不仅要会赚钱，更要会持续赚钱。企业持续赚钱的能力建立在组织不断升级、人才持续完善的基础上。从这个角度看，企业对人才的渴求是永无止境的，完善企业人才营盘，有针对性地给予培训，进而复制优秀人才的工作是必须一直进行的。

越是卓越的大公司，越注重招兵买马，每年都要招收大量优秀毕业生进行培养。企业只有不断地引进人才，培训人才，完善人才营盘，才能实现持续发展。

### 1. 从专业着手

在企业的人才营盘中，最重要的一部分是专业营盘，也就是企业各个业务模块的人才序列。

怎么确定专业营盘？想一想，一家企业从事什么产业，主要的核心业务是什么，未来的增长空间在哪里，搞清楚这几个问题，我们才能梳理出人才营盘的核心部分——专业营盘。

行动教育曾经服务河南奇盛科技有限公司，与之共建奇盛企业商学院。这是一家从事电梯销售、安装及维保等业务的公司，它的业务种类多，人员也多。

为了不辜负董事长和总裁的托付，我们花了两年的时间，每个月至少都要去公司一次，为企业提供咨询和服务。

在搭建人才营盘时，我们按照公司各业务模块，把专业人才分为营销、安装、维保三大营盘。

按照这样的划分，我们为它搭建起人才营盘中的专业营盘，把人才进行科学的区分，再有针对性地给出培训计划与方案，最终完成了人才生产线的搭建体系。

这是区分专业板块，搭建专业营盘的案例。如果公司的主营业务相对简单，比如科技公司以研发为主导，专业营盘的模块相对简单，则又有其他的搭建方法。

以行动教育为例，行动教育是一家从事企业咨询与培训业务的公司，我们的业务相对简单，主要分为研发和销售几大部分，我们该怎么打造营盘呢？

目前，行动教育在销售方面，有五个专业人才营盘在运营。这五大专业营盘按照职级进行区分，分别是新兵连、精兵连、黑带大师（大讲师）、大将营和将帅营。不同的项目由不同的人负责。

其中，人才职级最高的是将帅营，由公司的董事长兼CEO李践老师亲自负责，项目培养的是各个分公司的总经理。接下来是大将营，专门培养总监级别的管理人员。黑带大师培养讲师，每位讲师都要经过认证，才能为客户提供服务。最后是精兵连和新兵连，培养的是销售一线的员工（见图9）。

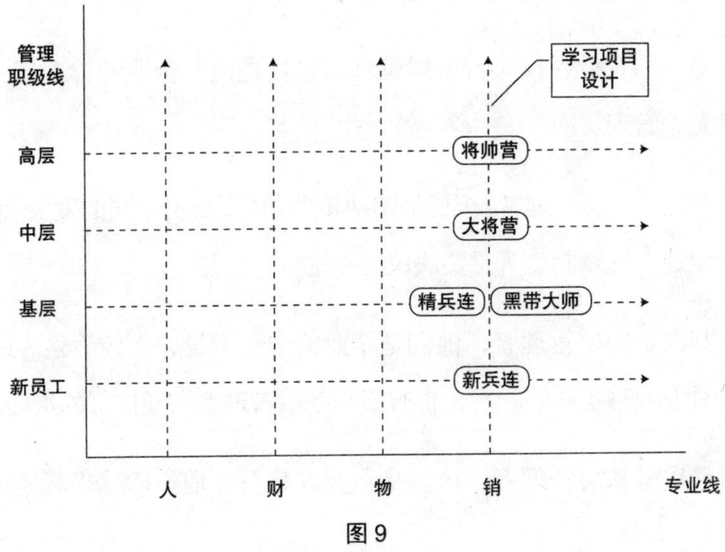


图9

对企业来说，打造专业营盘，有助于更好地开发培训课程。

举个例子，有些企业通识类的培训，包括企业的发展史、企业文化、核心业务介绍等，这些都是覆盖全员的，可以组织所有的人统一参加培训。

专业营盘构建好以后，不同类型的岗位人才，还要有更细分的培训与学习。专业营盘的每一块，员工的需求都是不同的，在具体操作时，让人力资源部门的人参与绩效激励的学习，财务部门的员工参加财务管理的培训，才能有的放矢，而且节省资源，获得更好的培训效果。

**2. 从管理切入**

人才营盘的第二部分，我们称为管理营盘。

当下的企业往往实行分层管理，也就是说，企业的管理者一般都有三个管理层次。

首先是高层管理者，担任战略决策的角色，负责公司的发展规划、班子组建、规章制度等重要决议的制定。

其次是中层管理者，他们是企业的中坚力量，上传下达，既承担着企业战略实施的职责，也有着和基层管理者沟通执行的责任。

最后是基层管理者，这也是企业的基石，是一切战略落地、业务开发的具体执行者。

按照这样的组织架构与职级区分，人才营盘的管理营盘也可以分为高层、中层、基层三个层面。比如企业的班组长、领班、主管属于基层，部门经理、总监等属于中层，而总经理、总裁则属于高层。

**基层管理者**直接带项目，带领下属。大部分企业的基层管理者更多的是“管事”，而非“管人”。他们的职责主要是按照标准、实施流程推进具体的工作，负责完成项目，达成业绩。

在管理营盘中，基层管理者一般数量较多、资历较浅，针对他们的培训主要是提升“管事”的能力，同时需要制订长期的发展方案，鼓励他们争取更进一步的提升。

**中层管理者**又不一样，他们一面对接高层管理者，另一面连接基层管理者，不仅要最大限度地执行高层的战略决定，还要能帮带基层管理者。

比如很多企业老总，出去听一堂经管课程，回到企业后，往往就会给这些中层管理者下达命令：“我们企业内部的人才培养出了问题，你赶紧提个方案，解决一下。”

所以对中层管理者来说，如何规划并且执行方案，就是他们的重要职责。中层管理者是企业的中流砥柱，是管理营盘的中坚层，针对他们的培养，侧重点又有所不同，不仅要有领导力的培训，还要有执行力的提升。

**高层管理者**是管理营盘中的最高级，位于企业管理的金字塔尖。长期以来，对于高管如何培养，方法不一。让高管走出去，去商学院深造，去标杆企业学习，出国考察，参观500强企业，都是为了提升企业高管的领导力和胜任力。

以上三种管理者共同构成了企业的管理营盘，搭建完善的管理营盘，进行管理人才的培养复制，关乎企业的长远发展，是企业最需要关注的重要课题之一。

### 3．从战略出发

任何企业，在建立人才生产线，搭建人才营盘的过程中，对以下两种类型的人才培训，都是必须重视的。

一类是新员工，他们决定未来企业的根基；另一类是新干部，他们关乎企业的管理执行。这两类人才，属于企业人才的战略营盘，也是人才营盘的第三部分。

新员工是企业未来发展的新动力来源，但是他们对企业的文化、流程、管理、业务不熟悉，往往会出现效率低下、适应缓慢的现象。新员工在半年到一年的时间内适应不了、离职的频率最高，给企业造成了很大的人资成本损失。对新员工开展培训，帮助他们融入企业，快速适应，是至关重要的。

但在实际情况中，大多数企业对新员工的培训并不够。我们以营销人员为例，很多企业都默认营销人员是“自学成才”的。招来一个新员工，给对方讲讲企业的宣传资料，介绍一下产品情况，就放手由他去了。

有些营销人员上岗之初，不了解企业的真实情况，不清楚产品的特点和卖点，对公司的营销模式、竞争模式一知半解，对开发客户、拜访客户的标准、流程，甚至拜访礼仪都不知道，还要花大量时间去摸索学习，工作效率很低。

新员工是企业未来的基石，企业不培养他，不仅要为他的效率低、成长慢买单，还要为他的高淘汰、高流动付出代价。

所谓磨刀不误砍柴工，标杆企业素来都很重视对新员工的培训。

---

有人称IBM的新员工培训是“魔鬼训练营”，因为培训过程非常艰辛。除行政管理类人员只有为期两周的培训外，IBM所有销售、市场和服务部门的员工全部要经过三个月的“魔鬼”训练，内容包括了解IBM内部工作方式和自己的部门职能；了解IBM产品和服务；专注于销售和市场，以模拟实践的形式学习IBM怎样做生意，以及团队工作和沟通技能、表达技巧等。

这期间，十多种考试像跨栏一样需要新员工跨越，包括演讲、考核产品性能、练习扮演客户和销售市场角色等。

全部考试合格，才可成为IBM的一名新员工，有自己正式的职务和责任。之后，负责市场和服务部门的人员还要接受6~9个月的业务学习。

从进入IBM的第一天起，IBM就给员工描绘了学习蓝图。在课堂上、工作中，经理和师傅的言传身教，员工自己通过公司内部的局域网络自学，总部的培训以及到别的国家工作和学习等，庞大而全面的培训系统一直是IBM的骄傲。

鼓励员工学习和提高，是IBM培训文化的精髓。如果哪个员工要求涨薪，IBM可能会犹豫；如果哪个员工要求学习，IBM肯定会非常欢迎。IBM非常重视素质教育，基于此，IBM设置了师傅和培训经理两个角色，将素质教育日常化。每个新员工到IBM都会有一个专门带他的师傅。培训经理是IBM专门为照顾新员工、提高培训效率而设置的一个职位。

---

企业之本，在于人才。著名的企业管理学教授沃伦·贝尼斯提出过一个理论：“员工培训是企业风险最小、收益最大的战略性投资。”言下之意，是企业把自己的员工培养得越值钱，收益也越大。

显然，企业重视对新员工的培养，帮助他们迅速掌握工作的方法和技巧，不仅能给企业节约大量成本，也能创造更多的业绩。

很多企业还会忽视对新干部的培训。实际上，新干部、新任管理者能够从业务队伍中被提拔上来、坐上管理岗位，往往在之前的工作中有着突出的业绩和能力。

在此之前，他是一名好员工、一名业务标杆。但是，有好的业务能力，不一定就有好的管理能力。新干部也存在一个转换角色、适应新的岗位需求的时期。

这个转型期没有过渡好的话，有些新干部会因为“惯性”，沿用自己拼个人业绩的经验和工作方式，专注于自己擅长的业务，一个人在前面冲锋陷阵，忽视了带领团队去实现更大的目标。

有些新干部则是内心诚惶诚恐，欠缺相应的管理知识和领导技巧，没办法顺利地管理好下属员工。

无论哪种因素引起新干部适应困难，结果都是对企业的损耗，要么是业绩难以达标，要么是遭遇新干部离职。

对新干部来说，从优秀人才被提升为新的管理者，是机遇与挑战并存的。企业首先应该担负起培养之责，设立新晋管理者的培训项目，以协助他们转变观念、提升技能、改善行为，顺利转换直至进入新的角色，成为优秀的管理者，带领队伍实现绩效倍增。

# 第五章

# 人才复制策略

# 第一节
# 先搭班子

有人曾经问诺基亚的企业大学负责人："做企业大学有什么价值？"他回答说："诺基亚有很好的企业大学，摩托罗拉也有很好的企业大学，但即使这两家企业，也不免要走向衰亡，更何况没有企业大学的公司。"

"培训很贵，不培训更贵。"培养人才虽然所费不赀，但是不培训的话，企业无才可用，错失发展机会，付出的代价更大。

在一个企业里面，重视培养人才、复制人才、建立人才生产线，帮助员工提高职业技能和素养，提升他们对企业的忠诚度和归属感，才能最终给企业带来更好的经济效益。

不过，企业重视培训是一方面，培训工作还有待进一步发展也是事实。根据最近的一份调研显示：在中国，有36.6%的企业成立了独立的培训中心或者企业大学，43.7% 的企业在人力资源部建立了培训中心。但也还有 15.2% 的企业没有培训部门，只有负责培训的专职人员。

如果企业没有企业大学，没有企业的人才生产线，往往会产生诸多问题，比如培训工作的负责人身兼数职，难以兼顾，使得培训工作总是见缝插针，不能成为完整的体系；教研工作不到位，内部开发的课程内容单调，外部采购的课程难以保证质量；教师制度不完善，讲师授课水平不够；教学活动没有计划，缺乏评估和跟进等。

这些情况，最终导致企业虽然精神上重视培训，但工作却没有实效，员工觉得“培训没有意义”，领导也感觉“绩效得不到改善”。

正所谓万丈高楼平地起，需要先以钢筋水泥为框架。想要搭建良性运转、切实有效的人才生产线，先要从班子的搭建开始。

什么是搭班子？就是给企业大学找一系列明确的负责人。

**1. 董事长 = 校长**

实际上，企业大学就是“另一个企业”，是一个重要的独立组织。在搭建这个组织的架构时，企业要秉持“一套班子两块牌子”的原则：企业的董事长、总裁就是校长，副总裁就是副校长。

让企业的董事长亲自担任校长，高层管理者直接参与企业大学的工作，意义非常深远。

从战略层面来看，董事长担任校长，人才生产线的管理班子能够直接参与到公司战略会议中来。这样一来，企业大学能够与公司的战略经营建立直接的联系，保证公司战略被更快速地传播，也让员工更能理解和认可公司的经营行为，推动企业的业务发展，帮助企业实现战略目标。

不仅如此，企业高层管理者的参与和重视，也有利于高管直接传授优秀的管理经验和业务技能，还能够和员工在课堂上培养师生情谊，打破隔阂，发掘出更多优秀的人才。

---

通用电气的第八任CEO杰克·韦尔奇21年如一日，每个月前往克劳顿维尔授课，每年坚持执教至少40小时。21年间，韦尔奇在克劳顿维尔与近18 000名经理进行了直接的沟通。在课堂上，韦尔奇宣讲他治理公司的战略愿景，通过互动交流了解员工的真实想法，发现具备领袖潜质的人才，从而将克劳顿维尔变为领导力的摇篮，变革的孵化器。

---

有调查发现，成功的企业大学有45%的中高层管理人员会参与企业大学的指导或规划工作，有63%以上的企业高层领导直接担任授课讲师。

我们服务的海利集团，董事长李儒昌亲自担任海利大学的校长，兼任执行校长，他这样讲述他作为校长型企业家的感想：

“2006年，内心求知的渴望，促使我走进了行动教育的课堂。经过砥砺奋进的10年，公司年产值从当时的1个亿跃升到现在的20个亿，增长了20倍。这一切的成绩，离不开行动教育的加持，最让我感谢行动教育的是他们让我成长为一名校长型的企业家，尤其当我听到公司的员工叫我李校长时，内心很高兴，因为我不仅创造了物质价值，更重要的是我致力于让我的员工、客户和合作伙伴成长的努力得到他们的肯定。前面10年，打造学校型的企业非常重要，我们经过不懈的努力，打下了坚实的基础；未来10年，我要好好领悟作为校长型企业家该如何把企业继续做大做强，特别是在大数据、人工智能成为趋势的背景下，结合中国制造2025的战略规划，不断地升级，不断地创新！”

### 2. 企业大学的组织架构

在过去，企业的人才培训工作以课程为基础，把课程视为产品，开发课程的思路也是“头痛医头，脚痛医脚”，停留在为员工提供岗位技能和知识的层面。这种培训中心易于管理，但存在着课程零散、难以共享而造成资源浪费，培训负责人职能不清晰、工作不够深入的缺点。

既然一家企业是按照功能，分板块组合在一起，比如由市场、产品、营销、财务、行政等各个部门组合而成的，方能人人各司其职，组织良性运转，那么企业大学也应该如此，以功能为基础，根据企业的规模，根据业务的简单或者复杂，来建立起科学的架构。

一般而言，可以将企业大学的架构分为三种。

**第一种是职能型。**

把企业大学视为一所学校，按照教研、教务、师资等各个职能搭建架构。

比如知名的华为大学，以职能为框架，设立了研究发展部、财务管理部、培训管理部（分对内、对外）等各种职能板块，把企业大学打造成一个典型的学习型组织（见图 10）。

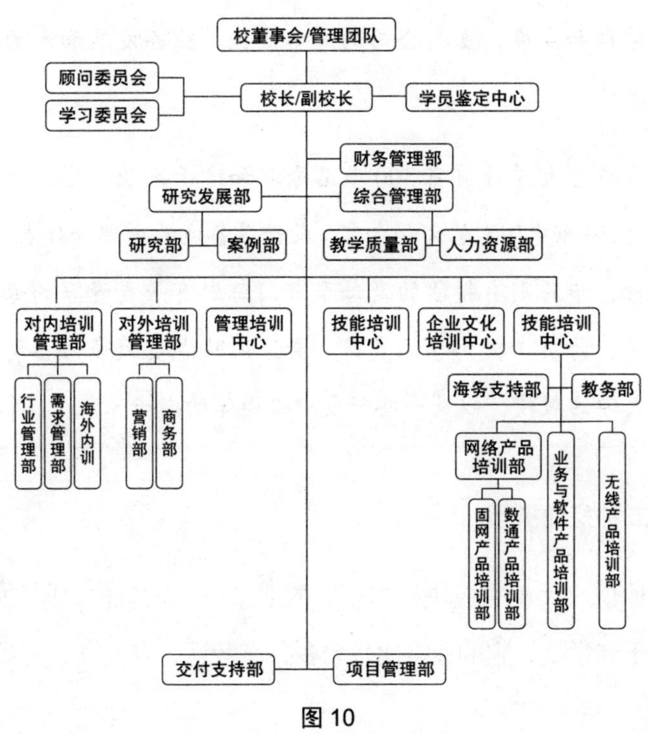


图 10

华为大学，创办于2005年，对内部，也对外部开放，专门为华为员工以及客户提供众多的培训课程，包括新员工文化培训、上岗培训和针对客户的培训。

对外配合公司业务发展和客户服务策略，为客户和合作伙伴提供全面的技术和管理培训解决方案，提升客户满意度；同时通过华为管理实践经验的分享，与同业共同提升竞争力。

对内依据公司总体发展战略和人力资源战略，推动和组织公司培训体系的建设，并通过对各类员工和管理人员的培训和发展，支持公司的战略实施、业务发展和人力资本增值。

华为大学目前有300多名专职和逾千名兼职培训管理人员，遍布中国（总部和分部）及世界各地的分部和代表处。此外，华为别有特色的是每个部门都配有一支资深的专家团队，为员工提供顾问支持。专家团队成员大多为各所名牌大学的教授，以及一些研发中心退休的老专家。

**第二种是业务型。**

这种企业大学的板块是与企业的业务一一对应的，比如我们服务的味千商学院，它的业务比较繁多，有营运、有开发、有生产等。

味千商学院的组织架构

2015年6月，味千企业商学院项目正式启动。行动教育专家团队多次入企服务，持续10个月的系统咨询后，于2016年3月圆满结项。

通过共建工程，味千商学院搭建了营运、生产、开发三条核心人才生产线及对应的人才双划图，开发了20门拥有自主知识产权的核心课程，培养了首批10位认证内训师、20名储备讲师，进行了商学院文化体系、管理运营体系搭建。

每阶段的成果验收，都得到了味千领导及项目团队的高度好评。

**第三种是综合型。**

比如伍子醉商学院，职能部门有院长、执行院长，还有院办；业务部门则有管理分院、营销分院、生产分院，是一个综合型的组织架构（见图11）。

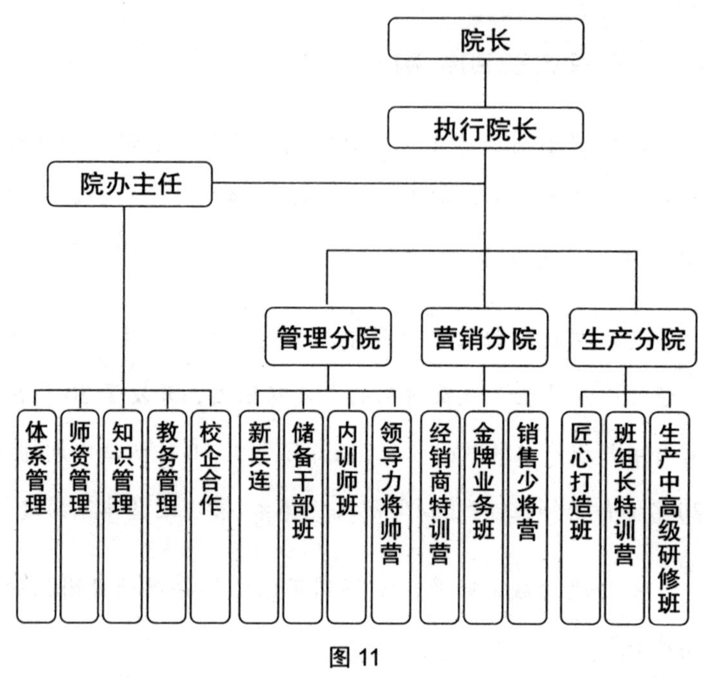


图 11

伍子醉商学院的各个分院底下，有着众多的人才培养项目。

横向看，生产分院有三个项目：针对一线生产操作工，有匠心打造班、班组长特训营，还有生产中高级研修班。另外，营销分院有三个项目，管理分院有四个项目，加起来有十个人才项目。

纵向看，在管理方面，有新兵连，主要有公司的文化、价值观、制度、发展简史等内容的培训。还有储备干部班、内训师营、领导力将帅营等，全面覆盖公司管理层级。这是伍子醉的综合型组织架构，看上去非常全面系统。

---

一般而言，传统的培训部门总是被安排在人力资源部门之下，单独向其汇报工作。而企业大学在建立科学的组织架构之后，能够与企业内的其他职能部门进行直接有效的对接、协调，使人才培养工作更能与企业自身的组织保持一致，适应需求。

同时，在架构清晰的企业大学中，各部门的负责人能够更明确自己的角色与职责，更有效地将精力投入自己所负责的工作中。

每个企业想要建立人才生产线，拥有自己的企业大学，都应该根据自己的实际情况，按照职能或者业务，设置覆盖全员的体系，设计科学的组织架构，让培养人才的工作变得更加高效。

### 3. 找对首席学习官

企业大学的组织架构中，有一个核心岗位——首席学习官（Chief Learning Officer,CLO）。

在一个企业中，凡是冠以“首席（Chief）”之称的，必定是核心职能部门的领导人，比如首席执行官（CEO）、首席运营官（COO）、首席财务官（CFO）、首席信息官（CIO）等。CLO 既然位列企业“C”级领导层，其在企业中自然任重道远，扮演着重要的角色并承担着重要职责。

事实确实如此，首席学习官是企业大学的核心人物。我们说董事长等于校长，从战略布局上，企业的董事长要聚焦于人，关注人才培养。但是把培养工作落到实处，还要靠首席学习官，由他来负责企业大学的具体运营，包括课程的开发与采购、教师的选拔与培养、学员的管理与测评等。

---

首席学习官最初来自通用电气。杰克·韦尔奇在担任通用电气 CEO 之后，发现通用电气存在着部门与部门之间隔阂很深、壁垒很高的弊端，部门各自为政，战略的上传下达很艰难。

韦尔奇上任之后，开始了一系列改革，推行数一数二战略，推行 271 人才工程，推行六西格玛管理等，但他随之发现，战略推不动，部门之间的沟通有严重障碍。因此，他从南加州大学请来一位教授，让他辅助自己，把内部的部门墙拆掉，做到无缝沟通、无缝合作。

这位教授一来就开发了一系列关于跨部门沟通、无边界管理、团队无缝合作等课程，使得整个公司的效率提高了很多，部门和部门之间的合作也顺畅了很多。于是，韦尔奇请他担任克劳顿维尔培训中心的负责人，后来为了让他更好地推行教学管理工作，就给他设计了一个“C”字头职位——CLO（首席学习官）。这个人因此成为学术界公认的世界上第一位首席学习官，他就是史蒂夫·科尔。

韦尔奇在一次公开演讲中提到，无论他走到哪里，一定要带着史蒂夫·科尔才会感到踏实。因为他随时可能想到创新策略，当他想确认这个创新策略有没有机会实践时，他必须第一时间和CLO确认是否能够做到，如果目前做不到，那么需要多少时间把人才准备好，来落实这项策略。无论韦尔奇有怎样的变革创新的想法，史蒂夫·科尔都会义不容辞地接下任务，推动相关学习活动、人才培养计划，让韦尔奇能够如愿以偿。

通用电气的首席学习官还需要负责通用电气全球所有高管的领导力发展、培训与接班人计划。经过六十余年专注于领导力培养的深耕，通用电气建立了一套覆盖全球的培训体系，针对不同的人，根据其不同的职位和业务等，量身定制不同的课程。最终，通用电气以其卓越的辨识、培养领导者的能力享誉全球，成为企业CEO的培养摇篮，在《财富》500强企业中，多达168家公司的领导人曾经任职于通用电气。

---

首席学习官是通用电气人才培养体系的灵魂人物，因为有了首席学习官，通用电气培养人才的成就享誉世界。

## CLO 的四大角色

从前文中，我们能够看到，作为首席学习官，他扮演着这样的角色：

- 从战略方面来说，CLO 应该是企业战略变革的推动者，换言之，是将企业战略与学习项目联结起来的人。理解企业的战略目标，确定学习需求，因需施教，为企业提供合适的人才培养方案，推动战略落地，是 CLO 最重要的职责。
- 从业绩导向来说，CLO 应该是业务部门的合作伙伴，知道提升业绩的商业需求是什么。他所策划的学习项目，应该与企业的业务保持一致，支持各业务部门达成业绩。比如全球最大的酒店管理公司万豪国际集团，在决定收购一家连锁酒店之前，企业内部已经在 CLO 的带领下，提前进行了连锁酒店管理培训，为相关部门展开收购及后续业务提供了支持。
- 从人才培养导向来说，CLO 要构建企业的人才培养体系，是体系构建专家。假设企业能从市场上挑选到的人才，可以看成精选的“毛坯”，还需要通过内部培训来提升其专业能力或领导能力，把他们变成企业的“自家人”“子弟兵”，而担当这一培养重任的正是 CLO。
- 从学习导向来说，CLO 应该是知识管理者。任何企业，在开发市场、研发产品、营销、客服等方面，总会积累一定的经验和知识。任何员工，在业务知识、技能、管理、沟通等方面，总会有自己独到的收获和见解。首席学习官的一大职责，就是将企业里这些零散的知识或者经验，以有效的方式加以萃取、整合、加工，再分享出去。在这样的知识管理过程中，员工的知识、思路得到提升，企业的经验也沉淀下来并成为宝贵的财富。

## CLO 的五大职责

角色决定着岗位的职责，首席学习官在企业内部扮演着重要的角色，相应地，他们也肩负着以下五大重要职责。

### 第一大职责：制定战略

首席学习官的工作包括设定企业大学的战略定位与目标。

**首先，如何设定企业大学的战略定位？**

主要考虑三个要素——影响力、标准与角色。

- 从影响力来看，企业大学仅限于覆盖企业内部，还是辐射到全区域、全行业，乃至成为具有世界级影响力的内部培训机构？定位决定了战略的高度，也决定着后续的人才培养计划。
- 从标准来看，是想打造行业内独一无二的商学院，还是打造一流的，甚至名列第一的企业大学？独一无二贵于“精”，名列第一贵于“专”，这个标准影响教学体系的设立、课程系统的开发等。

- 从角色来看，企业大学是倾向于成为专业人才培养机构，抑或是专业领域的职业技术学院？角色不同，职责不同，所需的资源不同，创办企业大学的方向也有所不同。

比如行动教育集团的定位——世界一流商学院；伍子醉商学院的定位——中国槟榔行业一流商学院……

定位清晰，企业大学的创办路径才足够清晰。

**其次，如何设定企业大学的目标？**

企业大学目标规划的内容，我们认为有“四名”——名师、名课、名项目、名成果（见表 1）。

**表 1　行动大学目标规划**

| 时间 | 角色定位 | 名师（位） | 名课（堂） | 名项目（个） | 名成果（项） |
|---|---|---|---|---|---|
| 1 年 | 行动教育内部大学 | 10 | 10 | 3 | 内部 30 位分校长培养 |
| 3 年 | 行业知名企业大学 | 20 | 20 | 5 | 年度行业白皮书 |
| 5 年 | 中国知名企业大学 | 50 | 50 | 5 | 中国权威、排名前十 |
| 10 年 | 世界知名企业大学 | 100 | 100 | 5 | 世界权威、排名前十 |

落实到具体工作中，我们建立企业大学，需要思考并规划：企业大学要培养出多少位名师（内训师），要开发出多少堂名课（企业大学的特色课程），要设立多少个名项目（具体的人才培养计划），最终要达成怎样的名成果（企业大学的理想目标）……

首席学习官的第一大职责，就是设定企业大学的战略定位，对

“四名”进行规划。

俗话说，一个好的规划，便是成功的一半。一个清晰的战略，是企业大学安身立命的基础，也是企业人才培养计划成功实施的开端。

**第二大职责：团队建设**

首席学习官的第二大职责是团队建设，即搭建班子，包括师资、教研、运营等人才的选拔与培养、教练与激励等。

- 在师资方面，企业外部的讲师无法最大限度地保证持续性和有效性，所以在依靠外部专业讲师的基础上，首席学习官还需要搭建企业内部的讲师队伍，建立系统的选拔、培育体系，提升内部讲师的授课技能。
- 在教研方面，要从企业的实际需求出发，开发合适的培训课程；同时要对培训效果进行评估，据此不断地对培训内容进行修正、更新。此外，还包括管理企业的资料库，比如案例库、数据库、法规库等，通过扩充企业教研的材料来源，提升企业教研的实力。负责这些工作的人员班子，需要首席学习官去建设、维护。
- 在运营方面，关于培训，事前要对学员进行意愿调查；学习过程中需要全程跟踪学员管理；培训结束后要对效果进行评估、反馈等。关于企业大学的运营，需要建立外部联络、教务管理、资源协调等制度。这些岗位的定人定责，也属于首席学习官的职责范围。

**第三大职责：业务设计**

首席学习官的业务设计，是保证培训活动能够有效满足人才培养需求的关键，也是首席学习官的核心工作。

业务设计包含人才生产线的搭建与学习项目的定制。

首先，企业人才生产线的搭建是一项“浩大工程”，从确立人才理念、人才标准开始，着手于人才盘点，最终建立企业自己的人才营盘，开发相应的培训课程。

比如，在行动大学，我们按照新员工、基层、中层、高层，分别设计新兵连、精兵连、大将营、将帅营等人才生产线。

人才生产线覆盖企业全员，内容包括员工基本素质的提高和知识、能力结构的全面发展，涉及营销、管理、财务等各类专业课程。人才生产线构筑了企业大学的坚实基础。

其次，业务设计还包括根据企业战略和业务发展，自主选题、设计，按需定制学习项目。比如行动大学在不同阶段推出的学习项目——“价值观落地”“文化升级”“互联网转型”等。这些课程有的是企业自身宝贵知识的积累，有的是针对企业重要问题的学习解决方案，对企业有着特别的价值。

**第四大职责：日常运营**

首席学习官所负责的企业大学日常运营包含六大维度。

- 需求管理：包括立项、调研、方案设计等。
- 学员管理：包括招生、档案、学习记录管理等。
- 讲师管理：包括讲师选拔、培养、考评、认证、激励等。
- 课程管理：分为内部研发和外部采购，建立标准、流程、知识产权保护等。
- 成果管理：主要是对教学后的学员反馈、知识转换、行为及绩效等进行追踪。
- 教务管理：主要指支持教学开展的相关工作，包括场地安排、教学设备设施、学员及教师用的教学资料、食宿安排、财务预算等。

可以说，一所企业大学的运营，重任系于首席学习官一身。能否构建一所有效的企业大学，关键在于首席学习官既要有战略超前的眼光，又要有脚踏实地的行动。

**第五大职责：资源整合**

首席学习官肩负的角色之多面性、职责之重要性、业务之复杂性，要求他必须是一个善于整合资源的人。

这些资源，包括内外专家资源、讲师资源、学习资源、平台资源等。如何在海量的资源中，发现有价值的部分，挑战的是首席学习官的眼光。如何甄选这些资源，考验的是首席学习官的判断能力。如何整合这些资源，使之成为一个有序运转的学习系统，需要首席学习官的强大执行力。

### CLO 的六大能力

成为一名首席学习官，需要具备什么样的能力?

我们认为，首席学习官要具备的能力第一是学习力。只有 CLO 成为学习的标杆，自身具备不断学习、创新的能力，才能助推企业内部员工的学习成长。

第二是业务力。业务力表现在两个层面，从第一个层面来说，CLO 是业务部门的合作伙伴，理想状态是精通公司业务，对一线部门的情况非常熟悉;退一步说，即使做不到精通，也一定要有所了解。

从第二个层面来说，CLO 有属于其本职的业务，比如项目运营、课程开发、师资打造等，需要他具备相应的业务能力。

行动教育企业大学研究中心资深专家熊启明老师，曾担任武汉皇家商学院首席学习官。在此之前，他曾在香格里拉酒店管理集团、美国希尔顿酒店管理集团任职。他最初是一线的业务骨干，业务做得非常出色;之后转做培训。在这样的背景下，他的业务力相当优秀，能够把 CLO 这份工作做得很好。

第三是驱动力。CLO 要推动企业大学建设，对上要促使董事长对这件事重视并进行资源支持，对下要促使各个业务部门都参与。

驱动力的内在也是一种营销能力，企业大学推出一个新的学习项目或者课程，如何让员工欣然接受，需要一定的营销技巧。

驱动力也来自内心的热爱，比如汉堡大学的首席学习官雪莉·罗杰斯，她有一句名言："热爱近乎朝圣。"她说，每次去汉堡大学的路上，都像去朝圣一样，是发自内心的热爱。首席学习官给她带来的成就感由此可见一斑。

第四是执行力。那么多的战略、目标、计划，还有学习项目的追踪，效果怎么样？做到什么程度了？这些都需要强大的执行力，做好执行和检查。

第五是担当力。对学习成果负责，做好了是你应该的，没做好就是你的责任。

首席学习官是一个新岗位，新岗位在业务推进过程中会有一些试错，在试错的过程中会存在误会、抱怨、不理解，这些都需要CLO具备相应的担当力，不推卸、不抱怨、不撂挑子。

第六是领导力。无论是与上下级的沟通、协调，还是内外部资源的整合，或者演讲、激励等活动，都需要CLO具备一定的领导力。

"士不可以不弘毅，任重而道远。"首席学习官正是这样一份工作，战略地位重要，能力要求也高。身为首席学习官，意识到自己是"C"级的领导，肩上要承担起相应的重任。

## 首席学习官成长之路

### 认识首席学习官

作为一名酒店行业的资深培训经理，当董事长郑重地要将首席学习官的头衔授予我时，我对这个“官”仅一知半解，完全没有意识到它在企业管理中的战略意义。

直到 2014 年 4 月，董事长和酒店总经理陪我走进行动教育在深圳开办的第十期“企业学习官”课堂，我才体会到首席学习官的分量，了解到首席学习官和培训经理的截然不同。

当我把自己定位为培训经理时，所要做的培训无外乎几件事情：准备场地、安排老师、组织授课。但是，定位为首席学习官就不一样了：设计培训内容要上接战略、下接绩效，更要传承企业文化；人才培养要搭建人才复制系统，更要做好知识的管理。

当时主讲导师汤筱君老师在课堂中分享道：“学习官不是官，学习官是责任担当，是使命驱动，是荣耀坚守，是一辈子以站讲台为荣，以传播育人理念和方法为毕生事业！”

这番分享深深地打动了我，也让我更加坚定了职业方向：首席学习官以培养人才为使命，培养符合企业需要的人才，这是我一辈子的事业，无论遇到什么困难，都要矢志不渝！

**从零开始实践，历时两年 16 人成功毕业**

2014 年 6 月，经过一个多月的筹备，我当时所在企业的“皇家商学院”开学揭牌。从董事长手中接过首席学习官的聘书，标志着我正式走上首席学习官之路！

商学院开办初期，困难重重：缺团队、缺资金、缺资源、缺场地，一切从零开始，好在我唯一不缺的就是勇气！

当时我所在的是一家创业型本土品牌酒店，虽然按国际星级标准打造，但软实力跟国际品牌酒店比没有任何优势，品牌影响力比不过，薪资待遇和福利也差一大截，酒店开业初期招聘就不顺利。为了按期开业，只能从集团旗下的餐饮门店调过来一批员工。这批员工没有接触过星级酒店的运营模式，但都是集团的忠实员工，用董事长的话来说：“这是一批思想过硬，吃苦肯干，用鞭子都抽不走的老员工！我相信他们可以干好！酒店行业外国人能干好，我们也可以！”

最终我和总经理决定，要以这批老员工为基础，自己批量复制人才。我设定的第一个目标，是两年之内要培养出至少 20 名维持酒店运营的基础管理者——领班、主管。

第一期开班时，不设任何门槛，只要有学习的意愿，就可以进班。第一期设一个班，叫作精英一期，招生 66 人。我们就这样设立了皇家商学院第一个人才培养项目。

回顾当年的历程，我遇到了无数障碍，尤以以下两点印象最为深刻。

第一，没有科学的课程体系。我不知道如何去设计标准的课程体系，于是摸索着去了解学员应该学什么，就提供什么方面的培训。这样就导致第一期侧重于思想意识形态的培养，而在知识技能方面有所缺失。

在一线的运营管理部门看来，看不到成效，因为学员没有学到技能，没有职级的转变。这样一来，学员和部门领导就怀疑培训的目的和过程，导致参与度下降，给我带来了极大的压力。

第二，缺乏资源。企业在运营初期，人手紧缺，我只能身兼多职，既是学习官，也是授课老师，还是主持人，是会务工作者，甚至连物料、场地都由我去协调、租借。

没有固定的培训教室，我们便借了一个会议室，每上一次课就是一次大搬家；没有人员，我让备孕在家的太太伸出援手，帮我做助教，协助音控；时间不匹配，我就等学员晚上9点钟结束运营才开始培训。两年以来，每周两次课，上课时间基本上都是在晚上的9点到12点，有时候甚至到凌晨1点。

越挫越勇，越困难我坚持的动力反而越足！一心只想去努力，想证明这件事我可以做成！

经过两年坚持，66位学员的精英一期，最后有16位学员毕业。虽然没有达到初定目标，但我还想开第二期、第三期……因为这16人坚持了两年，从最开始的一个普通员工，被打磨出来了，是用棍子都赶不走的一批坚实的中层管理者。可能他的能级没办法跟国际品牌比，但是他的心态、意愿度和价值观绝对是我们这家企业真正的DNA，融入血液的DNA。

后来，我们又开办了大雁二期。从这一期开始，我学会了如何去选择"原材料"，如何去设计科学化的运营管理体系，如何去整合更多的资源。这时我们已经有办公室了，有了较大规模的培训教室，师资资源越来越丰富，也有更多的管理者愿意参与进来！

随后，企业的运营状况越来越好，皇家商学院很快在行业内小有名气，开始接待同行来参观学习与交流。皇家商学院摸索出了一套属于中国餐饮酒店人自己的人才培养体系（见图 12）！

## 皇家商学院

Grace Hotel
OPTICS VALLEY, WUHAN

**企业名称：**香港格雷斯国际酒店有限公司
**项目目标：**持续有效的人才供应
**启动时间：**2014年6月
**输出成果：**
· 建立5条核心人才生产线，授课120堂以上，近2000人参加培训
· 开展“皇家新兵训练营”“皇家大雁班”“皇家厨道”“皇家格雷斯精英班”等各层级的专题人才项目，取得行业的高度认可
· 与当地5所高校展开校企合作，取得卓越的成绩，受到当地政府和行业的高度评价

图 12

### 自我升级

后来，我开始培养团队，复制内训师：从一线的业务部门挑选精英和骨干，以助理身份定岗在身边；通过各种演讲赛、文体活动、晚会主持，选拔出适合做内训师的人，重点培养和传帮带。最终我带出三位内训师，成为商学院后续建设的推动者。

经过从零到一、从一到多的艰辛探索和实践，我领悟到：一个企业首席学习官的成功，首先来自高层的支持和推动。在皇家商学院，我和公司董事长、总经理组成了铁三角，一起学习“企业大学模式”，一起学习“企业学习官”，

统一思想、战略和目标，得到了决策层在人、财、物和时间上的投入和重视。这段经历使我坚信如果一家企业能从战略上重视，从行动上支持，那么一定能建设好自己的企业大学，也一定能找到符合企业要求的首席学习官！

这并不是空话、套话，因为在我的职业生涯中，帮助我从培训经理成功转岗为首席学习官，起决定性作用的是企业高层领导与我本人真正地从认知上，意识到了首席学习官这个职位的分量。

首席学习官所要做的事情远远不只是培训，而是站在CEO的身边，用宏观、长远的眼光，去看待一个企业的人才培养计划。可以说这个职位糅合了人力资源、培训经理的职责，也承担着企业的文化传承、知识管理的重任。这些事情，如果不是从战略层面来看，是看不到的。

我一直在思考，我的经历验证了首席学习官的战略意义，给我所在的企业带来了重要的人才培养成果，那么我可以继续深研，并且把首席学习官的成长经验分享给别人吗?

当行动教育集团出现在我眼前时，我觉得自己找到了答案：我要加入行动教育企业大学咨询事业部，与专家团队在一起。我想为更多的企业提供企业大学咨询服务，和大家一起推动中国企业大学建设这项工程，去践行行动教育“让实效教育改变世界”的使命，去帮助更多企业寻找人才培养、人才复制的有效途径！

讲述人：熊启明

**个人简介：**

- “企业大学模式”“企业学习官2.0”主讲导师
- 商学院咨询事业部华东区总经理
- 企业大学研究中心资深咨询专家
- 北京派多格商学院原院长
- 皇家商学院原执行院长
- 曾任香格里拉酒店集团、美国希尔顿酒店集团、英国邦臣集团培训经理

**客户案例：**

- 西贝大学、味千（中国）商学院、圣得西大学、中恒大学、祥霖大学、伍子醉商学院、兆妩和生大学、伊舍商学院、奇盛商学院、大成尚品商学院、九彩云蝶、金虎便利等

**擅长领域：**

- 酒店餐饮服务业、连锁加盟系统商学院体系建设
- 企业商学院运营体系、盈利模式设计及企业内部讲师训练
- 课程设计及课程开发、企业人才体系调研分析

## 第二节

## “三教合一”的运营体系

当企业发展到一定规模，培训就显得非常重要。不少企业会给员工安排很多的培训课程，非常重视提升员工的能力。可实际中，总有员工对公司的安排很抵触，不愿意参加培训，或者表面上参与，却人到心不到，培训完了也毫无收获。

我们曾经服务某企业，在与其学习官交流培训管理时，他说道，在培训以后还会及时与员工沟通，通过问卷调查他们的满意度。结果显示员工非常满意。等到我们深入该公司调研时，却发现实际上员工普遍不接受公司的培训，很多人听到要培训，千方百计地想要推脱，只是不好表现出来。

培训的重要性不言而喻，既然培训是企业的首要任务，也是员工成长的必修课，那么员工为什么不愿意上企业大学安排的课程？

一般情况下，员工给的反馈是，公司的课程总是想当然，不了解员工的实际需求，培训的内容对提升员工能力、改善绩效没帮助，浪费时间；学习模式太单一、太枯燥，工作压力本来就大，还要去听课，就是个苦差事；培训老师讲得不好，听他的课好比听和尚念经……

总结起来，无外乎内容不接地气、方式不够好、讲师不会讲。

要知道，运营人才生产线，维持企业大学的运转，和运营一所教书育人的传统大学是一样的。

所谓大学者，非谓有大楼之谓也，有大师之谓也。传统大学第一要有大师，第二要有教学，第三要有教材，这几个因素决定了一所大学的地位与格局。对企业大学来说，这些核心要素也是必不可少的，我们称为“三教合一”——教材、教练、教学。

### 1. 教材：实用为王

教材是实施培训必不可少的载体之一。站在员工的角度，有效的培训往往有这样的特点：能够解决工作中遇到的难题，能够帮助他达成更好的业绩。这其实也是培训教材或者课程研发的中心原则：实用为王，以成果为导向。

---

我曾遇到这样一个客户，他在昆明从事了十余年餐饮业，年产值数亿元。他很舍得为培训花钱，花了数十万元，从一个行业培训机构处采购了几千节课程。买的时候，设

想很美好：正好这些课程都是关于餐饮的，厨房操作、前台服务，方方面面的知识都有。只要员工好好学，一定会卓有成效。

然而现实情况是，第一个月员工听课还算积极，第二个月就没什么劲头了，因为课程的内容和工作关联度不高，慢慢地，大家都觉得辛苦了一天，还要看 PPT、看视频学习，实在是件苦差事，采买来的课程成了电脑里的“隐藏文件”，渐渐地无人问津了。

---

像这个老板，觉得“培训课程”是标准化产品，市面上有什么，就买什么给员工。这样的教材实用吗？事实证明没有实效。

企业给员工提供培训，一定不要忘记，先问两个问题：问员工，你想要什么？问学习官，我们有什么？这两个问题的答案有了，培训的教材也就有了着落。

对员工来说，好的课程一定是基于调研，贴近实际，对提高员工的业绩有帮助的。好的课程既要有理论知识，又要有典型案例，还要能够给出切实可行的方法和工具。只有能够解决问题的培训才能吻合员工的需求，让他们接纳并信服。

教材可以从外部购买一部分，但要保证品质。为了把控好外部课程的品质，无论是去试听、把讲师请回来试讲，还是通过第三方去考察，都是必要的策略。从外部采购的课程最好不要超过全部课程量的 20%，择优而购，剩下的还是要依靠企业自行研发。

比如华为，培训的教材是自己内部编写的。主要有《华为新员工文化培训专题教材》《优秀客户经理模型》，还有各种有关华为产品和技术的培训材料。企业自己编写教材，从实际案例中进行提取，得到的教材也便于教学。

一家企业创办经年，总会沉淀下来出色的管理实践、标杆员工的工作经验、实用的业务技巧等，将这些知识与经验加以萃取、整理，形成课程，就能把这些宝贵的实践经验，升华为系统的理论知识，变成公司的知识财富。

在案例方面，企业内部其实有许多最佳实践，梳理、总结并将之提炼出来，是企业大学当仁不让的责任。

---

我们曾针对业务部门“如何开发大客户”这一热点话题编写案例，首先，要寻找与课程知识点相关的案例；然后，再对标杆员工进行访谈，提炼出亮点；最后，将这些精华传递给其他员工。

访谈开始前，还要制作问卷，明确清晰的方向，或关注沟通流程，或关注客户的个性风格；由于访谈收集的信息量较大，所以需要突出重点；存档时，进行关键字分类，便于学员搜索。

行动大学将经过整理提炼的销售案例传递到慕课平台上，获得了业务部门的好评。很多员工都留言，这些案例非常实用，具有指导与借鉴意义。日积月累，这些鲜活的案例成为公司一笔宝贵的知识财富。

---

在教材研发上，行动教育有自己的四大标准。

首先，要听得懂，要求说大白话，要简单、重复、直接。

其次，要学得会，学员可以复制，操作与实践要相关联。

再次，要求用得上，要有工具，有操作步骤，有具体动作。

最后，要有效果，要看到通过一场课程的学习，让工作得到改善，行为得到改变，绩效得到提升。

同时，教材开发包含四大件：一是课题大纲，课题大纲好比一个“剧本”，指导着课程全场，保证课程的系统性；二是PPT，这是充实和丰富授课活动的“台词”；三是讲师手册，所有的教学活动都据此安排；四是学员手册，这是必不可少的辅佐材料。有了这四大件，一堂课的教材就基本完备了。

在行动教育，我们还有很多书，是企业管理类的教材和视频等，都来自公司专家团队和业务团队多年的商业实践。企业内部的经验，整理成书和课程，就成为一种传承，对企业的文化建设有着不可忽视的作用。

教材的研发与管理是企业大学运营的重要一环，开发“自己的教材”“自己的书”，培养企业“自己的人”，以最大限度地保证企业培训工作的实效性。

### 2. 教练：实战为王

企业的培训学习还有这样的窘境：从外部请来的老师，在台上口若悬河，讲得吐沫横飞，现场的氛围也很好；老师讲课也很幽默，用了一些喜闻乐见的案例，听得人哈哈大笑。

比如我们服务的一个企业，它们曾经花大价钱请一个营销专家来讲课。专家滔滔不绝地讲了几小时的案例故事，听的时候大家都觉得“口才不错”“课堂氛围很活跃”。听完翻翻笔记，专家讲了什么？好像就几个故事而已，想要解决的问题压根就没有结果。

还有一种情况，是让企业内部的人来讲。这个人在工作上是公司的标杆，业绩做得最好，可是让他讲，他云里雾里，要么不会抓重点，觉得自己的经验“不足为外人道也”，不知道怎么分享有用的技巧经验；要么缺乏授课技巧，写好PPT，坐在台上像复读机，照着PPT念，一堂课都沉浸在自己的世界里，也不管下面的学员是否还在听。

总之，外面请来的人仙气太多，讲的课程没有用；内部的人表达能力有限，授课水平不够好。这是一大现状。

在今天这个需求个性化的时代，培训老师除了要有料，具备扎实的专业知识，还应深谙员工需求，能够将知识和经验高效地传达给学员。一味从外部聘请讲师，难以保证培训的针对性和效果。对企业来说，培养内部的培训师就很有必要了。

内部讲师的人选，一般是公司的高层管理者，不一定要求其对专业领域有很深的造诣，但一定要经历过实战、具有丰富的经验，同时对公司高度认可，价值观统一。因此，标杆员工、学习官，都是极好的人选。

---

2003 年年初，华为成立了华为培训中心，课程、师资统一规划建设，总体规划了企业培训目标，培训管理的能力得到了提升。2005 年，正式注册成立华为企业大学，配合集团的发展战略，提供对内、对外的培训。华为企业大学与国际知名管理学校联合办学，成为一流的企业大学。

华为企业大学的讲师主要是企业内部的员工：公司内部各级管理者、企业内部的专业与技术骨干，还有一部分对培训感兴趣的员工。前两类渠道是华为师资的主要来源，他们有着相似点，即都具有丰富的知识和超前的实践指导经验，既能讲授课程又能够提供咨询，特别是在软件成熟度认证、业绩改进、六西格玛培训咨询和质量管理方面。他们的经验来源于在华为公司多年从事管理工作和担当专业技术骨干的经历；他们的优势在于既懂得技术又懂得管理，同时自己就是实践者。有些咨询专家更具有多方面的才能，在教学、实践和学术方面均有建树；他们都曾经是学术带头人、项目领导者，很多人目前还在不同领域担任高职。

---

选拔内部讲师，有自荐、推荐、“星探”发现等方式。内训师讲求奉献和分享，付出很多，占用的时间也多，因此拥有一颗利他之心、有着足够热情的员工会更胜任岗位。

为了激励内部讲师，有条件的企业可以设立激励机制，按照培训效果给予报酬，或者在晋升、加薪等方面特批优先权。除此之外，还可以增加其他方面的鼓励，比如给高管发放特聘证书，给标杆员工发放荣誉证书，激励他们投入内部讲师的工作中来。

---

行动教育的内训师培养项目名为“黑带大师”（见图13），面向集团内部所有员工。以初级黑带大师为例，能够在集团内部开展5场以上内训，并且培训对象的满意度达到90%及以上的员工，就有了申报初级黑带大师的准入资格。

个人在申报之后，进入学习、考试、认证、实践、考核的认证流程。成为黑带大师以后，可以获得由公司颁发的徽章、证书，可以开课并享受内训师提成奖励，也可以优先参与班主任、销讲师、总经理的选拔等。

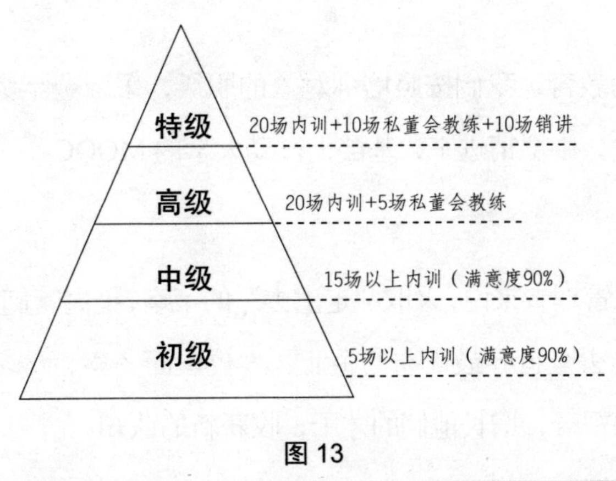


图 13

企业真正重视内部讲师，让内部讲师有了自豪感和荣誉感，才能让他们在企业内起到一定的作用，也会让更多的优秀员工希望成为一名讲师，有利于学习氛围的形成。一支高素质的内部讲师队伍，将成为保障企业大学建设的重要力量。

### 3. 教学：实效为王

培训中的教学，主要是指教学模式的设计。

传统培训以内容为王，以至于让人以为只求培训的知识足够强大，而教学形式只是附带的。其实，培训形式单一，难以满足不同员工的需求。

而丰富多彩的教学设计，能够给学习项目锦上添花。灵活的教学模式更能刷新人的思维，给他们留下深刻的印象，得到更好的培训效果。

在行动教育，我们按照培训对象的职级，采取金字塔模式——高层走出去，中层请进来，基层上行动大学的 MOOC 平台或者参加各类集训。

对高层管理者来说，采取“走出去”的策略，把高管们派出公司，派出海外，去全世界最优秀的企业、学校里面考察、学习，有效拓宽管理者的视野，增长他们的才干，收获新的认知。

对中层管理者来说，是“请进来”专业的导师进行集训，集训方式有课堂训练、游学、会议、工作坊、行动学习法等。

对体量庞大的基层员工来说，“走出去”所费不赀，员工本人欠缺必要的积累，自助式学习的成果也难以保证。在这种情况下，基层员工就要采用建立企业大学的方式，结合企业的战略规划，根据员工的需求，研发教材，开设课程，开展定制化学习。

培训活动的多元、立体，是保证培训成果的基础条件。除了走出去游学、请进来开课这种规模较大的集训式教学活动，在实际工作中，行动教育集团数年如一日地保留着晨夕会、读书分享会等日常学习活动。

行动教育有一支出名的销售尖兵团队，业绩非常突出，团队协作氛围极好，带领团队的王超老师是一名营销经验丰富，天生具有讲师特性——乐于助人并且善于分享的人。

他每天早上定时定点召开“狼牙特训营”，团队共同学习营销知识和技巧，开始一天的工作。

每天下班之后，白天忙于业务的团队还要在晚上7:30—9:00召开“狼牙夜校”，一年365天，风雨无阻。在“夜校”，团队回顾一天的工作，总结各自遇到的问题。

然后，以问题为特别课题，由王老师或者其他擅长解决该问题的标杆员工结合自己的实战经历，与大家分享解决这些问题的办法，进行特别指导，避免团队再犯类似的错误。

比如，某个伙伴近期在拜访上遇到障碍，那么公司会找到最擅长拜访的伙伴来进行有针对性的讲解和跟进指导，形成一种“人人都是某一领域专家”的互助氛围。

除此，还有行动大学的读书分享会、大讲师等，也是一种微型的培训。润物细无声，点点滴滴地将企业文化、企业精神注入员工的身心中，提升员工的工作技能，增长员工的团队感情。

从资源的种类来看，传统的教学活动以按照教材授课为主，新型的培训活动却集合了线上、线下各种资源，形成了混合式教学。

得益于科学技术的不断进步，移动学习的方式越来越受到企业的青睐。MOOC、E-Learning、App，各种学习方式层出不穷。

原来的培训必须有教室、有器材，在网站上学习需要有电脑，现在的教学活动只需要一台移动设备——手机或者平板电脑，就能随时随地获取知识，满足学习需求。

在这个时代，开展教学培训活动，打造企业成为学习型组织的条件已经越来越便利，任何地点、任何时间，学习者都能获取想要的任何培训。时代已经在悄悄犒赏那些善于学习的企业，为它们提供各种各样的便利和机会。

采取多元化的教学活动，培养高素质的人才，复制出优秀的人才队伍，必将是一个企业持续发展的坚定基石。

## 第三节

# 两大有效机制

建立人才生产线，建立企业大学，出发点是企业家的校长梦，来自企业家打造、复制人才的初衷。

但仅有梦想支撑是不够的，想要使梦想落地生根，需要踏踏实实地建立有效的协同机制。

具体怎么做？通常从以下两个维度建立相关机制。

### 1. 人才培养与绩效挂钩

为了更好地激励管理人员培养人才，把人才培养视为工作中最重要的一部分，企业可以把人才培养工作直接纳入考核体系，让人才培养与绩效挂钩。

与大家分享行动教育通过薪资推动销售部门管理者重视人才选

拔、培养工作的案例。

---

在行动教育，一名销售总监的薪资分为固定工资、绩效工资两部分。固定工资每月照发，绩效工资则与其培养人才的成绩直接挂钩。

如何考核绩效？我们设定了两大核算指标。

第一是人才数量指标。

每名销售总监都有自己的年度业绩目标，以终为始，估算出想要实现目标业绩，需要团队中有多少精兵强将。只有他的团队达到了这个数量，他才能满足“可以拿绩效”的条件之一。

值得注意的是，招满人，这只是“可以拿绩效”的条件之一。因为我们还要保证总监在招来人之后，对下属进行了有效的培养，使下属能够胜任工作。

因此，公司设立了第二个核算指标——业绩。

对销售人员而言，业绩能够直观地衡量他的业务能力水平，所以也是用来考量销售团队“质量”的利器。

最终，只有在同时满足了两个条件——团队满编，以及团队业绩实现了月目标的50%以上，这名销售总监才真正具备了“拿到绩效”的资格。50%以下则是不够资格的。

当然，公司还会对他的绩效按照百分比进行核算，实现了月目标的50%，那就拿相应比例的绩效——50%。如果想要拿到100%，销售总监需要全力以赴，倾心传授知识和技巧，培养人才，带领团队拿下目标业绩的100%！

这便是行动教育通过薪酬，把人才培养与绩效考核挂钩的一种机制。

---

### 2. 人才培养与晋升挂钩

人才的培养工作也可以和管理者的晋升挂钩。

行动教育集团有一个标杆人物——上海分校郝珊丽校长。郝校长是集团蝉联六届分校冠军的优秀总经理，为集团培养了大量人才，从她麾下走出来数位总监、总经理，比如好书互联总经理、集团教学中心总经理、厦门分校校长等。

实际上，郝校长的个人晋升是与她培养人才的成就同步的。当她在总监岗位上时，因为团队带得非常出色，培养了很多优秀的基层员工，所以被提拔为副总经理。

担任副总经理以后，郝校长的业绩依然十分漂亮，强将手下无弱兵，又培养了好几名优秀的总监，推动她继续晋升为总经理。

持续不断地刷新业绩，培养人才，使郝校长最终成为集团的“金牌总经理”，赢得了团队乃至集团上下的一致尊重。

如果企业中有郝校长这样的人才，不仅自己能干，还能培养出大量能干的人，那么企业的管理者一定要立其为标杆，倾斜资源给他，让他得到晋升，使他能够尽情地发光发热，从而让优秀的人培养优秀的人，助力企业的人才培养工作。

# 第六章

# 人才复制路径

人才的培养是长期的、持续的、有条件的，有路径可寻的。如果每家企业都能找到正确的人才培养路径，先培养合适的人，再去做正确的事，必然也会收获事半功倍的成效。

行动教育在为大量企业提供人才培养服务的过程中，结合自身17年的人才培养实际，总结了许多企业培养人才的成功经验，并加以总结、萃取，最后形成了一套企业复制人才路径的理论，我们将这条路径称为“LTPC”（见图14）。

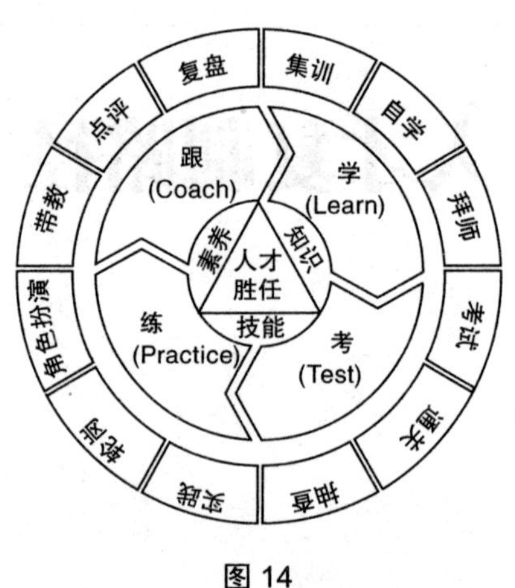


图14

这条路径分为四个步骤——学（Learn）、考（Test）、练（Practice）、跟（Coach）；每个步骤，有不同的实施方法，各种方法相互配合，相辅相成，最终形成一个培养人才的闭环体系。

# 第一节 LTPC之“学习”

LTPC 路径的首字母“L”来自英文单词 Learn，意味着学习。任何形式的培训，对于学员来说，核心都是学习。自然，学习也是人才复制路径的第一步。

在这个培训路径中，学习包含了学习的内容、学习的方法两部分。首先我们来看学习的内容。

---

A 企业的培训主管非常困惑，自己总是忙着搜罗市面上口碑好、评价高的课程，一个不落地买回来，流水似的花钱，把企业的课程体系组装得样样俱全，领导力、有效沟通、商务礼仪、职业规划、营销技巧……市场上有什么课程，企业就有什么培训，却还有员工在抱怨培训流于形式、

没有实际效果。

B企业的培训主管也感到心很累，他所在的企业很重视内部培训，每年都要进行几轮，培训流程也很完整：事前询问需求、制订计划、组织培训活动。一轮又一轮下来，积累了成山的课件，可是不知道为什么，总有些员工在抱怨培训力度不够，学不到有用的。到底哪里出了问题？

---

很明显，案例中的A企业是拼盘式培训，典型的“拿来主义”，内容既没有考虑员工需求，也没有和企业的发展战略匹配，零零散散，缺乏主题。培训工作看似忙忙碌碌，实则不够系统，没有重点，得不到员工的认可也就不足为奇了。

B企业略胜一筹，培训前有所调查询问，看起来也从员工的需求出发组织培训了，但是，它的缺点在于被员工牵着鼻子走，内容难以做到深入，照顾不到需求层次高的员工，无法保证内容的实效性，最终也无法让所有人满意。

对于企业来说，想要避免这样的窘况，想要培训取得好的效果，首先要考虑并解决的问题一定是：企业需要员工学习什么样的内容？需要他们具有怎样的知识和能力？

这是企业基于自身实际的深入思考，先要明白自己要什么，然后才能为员工做什么。对于整个培训路径来说，这是万里长征的第一步，也是高屋建瓴的关键一步。否则，企业花了大量的时间和金钱，采购或者研发了许多高大上的课程，结果员工学习了却没有效果，那就纯属“竹篮打水”了。

尤其在这个知识大爆炸的时代，如果缺乏深入思考、系统搭建，任由员工被大量碎片式的信息、知识所充斥，学之不尽，学习疲惫，最终他们就会变成学习无能。

### 1. 学习地图

我们知道，城市管理有行政地图，打仗有作战地图，旅游有旅游地图，地图的价值是让我们可以统筹全局、导航目标、纠偏纠错、调配资源。同样，想要最大价值地利用学习资源，科学地规划员工的学习内容，让企业的培训系统化、专业化，也需要用到科学的工具与方法——学习地图。

学习地图指的是匹配企业学习资源，以任职能力规划和职级规划为主轴而设计的一系列学习活动，是员工在企业内学习、发展路径的直接体现（见图15）。

简单地说，学习地图就是一张培养人才的地图，是让培训产生价值的地图，是让人才培养匹配企业战略发展的地图。

一名新员工进入企业，总有很多问题需要解决：要把他培养成能够完成绩效的人才，需要给他配备哪些培训课程？要按照怎样的发展路径？有了这张地图，这些问题的答案会更加清晰明了。

图 15

结合企业自身的战略发展，形成完善的学习地图，可以让员工循序渐进地学习成长，使企业的人才培养工作变得有规划、有层次、有目标，更加科学系统。

图 16 是一张典型的学习地图，通过这张地图，每个人都可以找到从进入企业工作开始，直到成为专家或者高层管理者的学习路径。

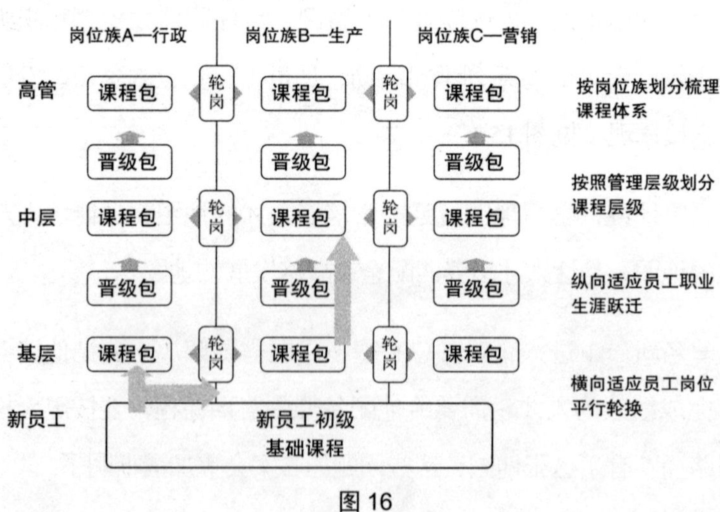


图 16

在这张学习地图上，有岗位族A、岗位族B、岗位族C，这是不同的岗位族群，每一个岗位族群又会有新员工、基层、中层、高层四个职级。

从内容上看，这张地图覆盖了专业、业务和管理三个方面的学习内容，同时，按照职级变化或者岗位转换，地图上的课程包被分成了两种。

- **晋级包**：针对职级的变化，在地图上竖着往上面走，从新员工到高层发展。这是因为每位员工在不同的职级上，企业都对他有着不同的能力要求。比如一名中层管理者，他可能需要熟悉业务、流程，还要具备带领团队的能力，具备管理技巧，通晓专业知识，认同公司价值观，具有责任感等。当员工从业务标杆被提拔为中层管理者时，他的职业发展走向更高的层级，晋级包的内容就可以帮助他更快更好地适应新级别的工作。
- **轮岗包**：针对岗位的转换，在地图上横着走过去，从岗位A到岗位C迁移。这是当员工在不同的岗位、不同的部门之间发生岗位转换时，学习地图能为他提供必要的学习内容，帮助他在较短的时间内快速胜任新岗位的工作。假如企业里的一名行政经理，想去轮岗做营销，就可以找到对应的营销课程包，给自己加课。如果对营销一窍不通，还可以找到基础包，从头开始学起。

总体来看，学习地图的关键意义，就是在员工有晋升或者轮岗需求时，能够给他们详细的指引，让员工少走弯路多加油，让他们非常清楚地知道自己现在在哪儿，接下来要去哪里，价值最大化地利用好企业内部的学习资源，维持正确前行的方向和能量。

这样一来，员工从新手到胜任的时间就大大缩短了，企业对于人才的培养工作更加有序，整体效率也因此而大大提升。

理解了学习地图的价值所在，又该怎样描绘这张“地图”呢？

我们不难发现，这张地图是由一个又一个课程包联结起来的，课程包里面放什么内容呢？我们将从两个方面加以阐述。

**胜任力 = 课题**

处在不同职级、不同岗位上的员工，企业对他们的胜任力要求是各不相同的。为此，行动教育研发了一个专业工具——人才双划图，用来描述各个岗位任职的标准，确定不同岗位的胜任力要求（见图 17）。

以下是行动教育研究院专家的人才双划图（见图 18）。

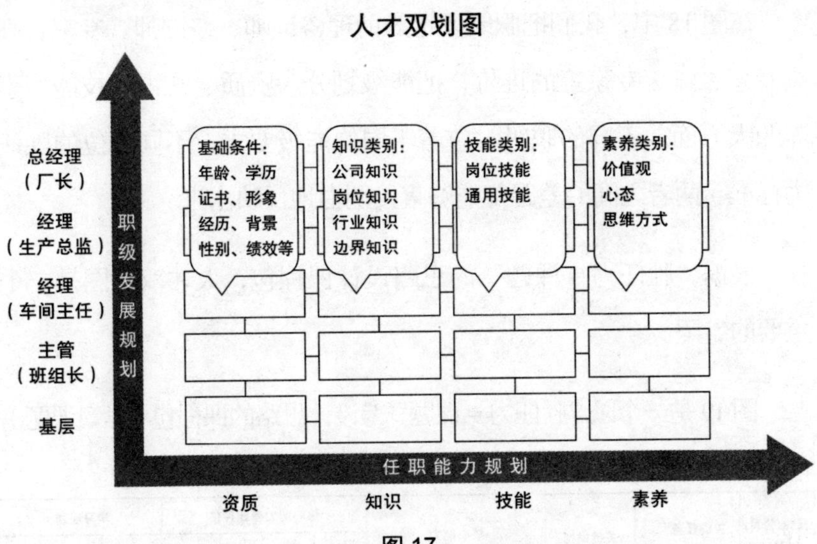


人才双划图
基础条件：
年龄、学历
证书、形象
经历、背景
性别、绩效等
知识类别：
公司知识
岗位知识
行业知识
边界知识
技能类别：
岗位技能
通用技能
素养类别：
价值观
心态
思维方式
总经理
（厂长）
经理
（生产总监）
经理
（车间主任）
主管
（班组长）
基层
职级发展规划
任职能力规划
资质
知识
技能
素养

资深专家
1.35岁以上
2.10年以上培训咨询工作经历
3.有操盘过有社会影响力的企业大学或在某一领域拥有版权或专著
1.企业战略专家
2.品牌营销
3.行业趋势及政策
1.学术及案例研究（著书立说）
2.品牌推广
3.外部资源整合
1.使命驱动
2.全球思维
高级专家
1.35岁以上
2.7年以上培训咨询工作经历
3.有操盘过有行业影响力的企业大学或咨询项目
1.专业领域边界知识（组织变革、学习趋势、人力资源）
2.绩效改善
1.对标学习及产品创新
2.成长教练（团队培养）
3.掌握新的学习技术
1.成就他人
2.思辨能力
专家
1.30岁以上
2.5年以上培训咨询工作经历
3.独立操盘至少一所企业的大学或咨询全案
1.精通企业大学体系构建
2.人才培养或学习项目设计
3.课程开发相关知识
1.项目管理及运作
2.2~3个专业模块授课和转训
3.内部营销及资源整合
1.全局思维
2.创新
咨询师
1.25~30岁
2.3年以上培训咨询工作经历
3.完整操盘工作2~3个学习项目
1.熟悉企业大学的体系构建
2.人才盘点及胜任力模型
3.麦肯锡咨询系列（工具、方法、思维）
1.企业大学咨询调研及需求分析
2.企业大学咨询提案
1.责任心
2.成果思维
3.团队意识
助理咨询师
1.22~25岁
2.1年以上工作经验
3.本科以上学历
4.较强的沟通表达能力
1.“赢利模式”8.0
2.企业大学模式
3.企业学习官2.0
1.公众演说（结构化思维与表达）
2.文案编辑
3.文案策划
1.价值观
2.热爱培训咨询行业
3.学习力强
职级发展规划
任职能力规划
资质
知识
技能
素养

图 17

图 18

在图 18 中，我们把职级设定为助理咨询师、咨询师、专家、高级专家、资深专家等的进阶，把能级划分为资质、知识、技能、素养四大方面。不同的职级对应着不同的能级要求，不同岗位的胜任力标准、两者之间的差距都能够直接明白地反映出来。

根据“胜任力 = 课题”的思路设计课程包，人才双划图是一个重要的参照。

图 19 是一个以“胜任力 = 课题”为设计思路的课程包（学习课题）。

<table>
<tr><th rowspan="2">岗位(公司)目标</th><th rowspan="2">关键任务</th><th rowspan="2">关键举措</th><th rowspan="2">核心能力</th><th colspan="4">核心能力差距评估</th><th>学习规划</th></tr>
<tr><th>重要性（0\1\2）</th><th>难度（0\1\2）</th><th>差距度（0\1\2）</th><th>总分</th><th>学习课题</th></tr>
<tr><td rowspan="17">2017年实现销售收入5个亿，共建15家企业大学</td><td rowspan="6">营销提升</td><td rowspan="2">渠道拓展</td><td>异业合作开发能力</td><td>2</td><td>2</td><td>2</td><td>6</td><td>异业开发技巧</td></tr>
<tr><td>旧渠道深挖能力</td><td>1</td><td>1</td><td>1</td><td>3</td><td>渠道挖潜</td></tr>
<tr><td rowspan="2">全员参观营销</td><td>创造客户体验</td><td>2</td><td>1</td><td>0</td><td>3</td><td>卓越服务</td></tr>
<tr><td>墙体文化解说</td><td>2</td><td>1</td><td>2</td><td>5</td><td>解说技巧</td></tr>
<tr><td rowspan="2">营销流程与标准制定</td><td>营销管理</td><td>1</td><td>2</td><td>1</td><td>4</td><td rowspan="2">营销流程与管控</td></tr>
<tr><td>流程梳理及关键点界定能力</td><td>1</td><td>0</td><td>2</td><td>3</td></tr>
<tr><td rowspan="6">人才升级</td><td rowspan="2">选</td><td>招聘渠道拓展能力</td><td>1</td><td>2</td><td>2</td><td>5</td><td>招聘渠道开拓</td></tr>
<tr><td>面试及甄选能力</td><td>0</td><td>1</td><td>1</td><td>2</td><td>面试与甄选</td></tr>
<tr><td rowspan="2">育</td><td>建设体系化内部商学院的能力</td><td>2</td><td>1</td><td>2</td><td>5</td><td>企业大学构建</td></tr>
<tr><td>教练能力</td><td>1</td><td>2</td><td>1</td><td>4</td><td>教练技术</td></tr>
<tr><td rowspan="2">留</td><td>员工关怀</td><td>2</td><td>0</td><td>1</td><td>3</td><td rowspan="2">员工职业规划辅导技术</td></tr>
<tr><td>员工职业规划</td><td>2</td><td>1</td><td>2</td><td>5</td></tr>
<tr><td rowspan="2">产品升级</td><td rowspan="2">企业大学建设咨询产品体系</td><td>产品思维</td><td>2</td><td>1</td><td>2</td><td>5</td><td>产品思维</td></tr>
<tr><td>企业大学产品体系研发能力</td><td>1</td><td>2</td><td>1</td><td>4</td><td>企业大学咨询、产品知识</td></tr>
<tr><td rowspan="3">品牌战略</td><td rowspan="3">品牌价值塑造</td><td>品牌营销能力</td><td>1</td><td>2</td><td>1</td><td>4</td><td>品牌营销</td></tr>
<tr><td>新媒体推广能力</td><td>2</td><td>1</td><td>2</td><td>5</td><td>新媒体运营</td></tr>
<tr><td>公关能力</td><td>0</td><td>1</td><td>1</td><td>2</td><td>公关技巧</td></tr>
<tr><td rowspan="3">学习课题梳理（核心能力差距）</td><td>知识类</td><td colspan="7">公司墙体文化、新媒体渠道特点、商学院咨询产品知识</td></tr>
<tr><td>技能类</td><td colspan="7">异业合作开发技巧、讲演解说技巧、招聘渠道拓展、企业商学院建设、员工职业规划辅导技术、教练技术、品牌建设、新媒体推广技巧</td></tr>
<tr><td>素养类</td><td colspan="7">全渠道拓展意识、产品思维</td></tr>
</table>

图 19

在图 19 中，我们把销售总监的岗位目标设定为“实现销售收入

5个亿，共建15家企业大学”，那么针对这个诉求，需要他具备以下能力：异业合作开发能力、旧渠道深挖能力、创造客户体验、墙体文化解说、营销管理、流程梳理及关键点界定能力等。

针对这些关键的核心能力，我们就可以在对应的课程包中设计以下内容：

- 异业开发技巧；
- 渠道挖潜；
- 卓越服务；
- 解说技巧；
- 营销流程与管控；
- 招聘渠道开拓；
- 面试与甄选；
- 企业大学构建；
- 教练技术；
- 员工职业规划辅导技术；
- 产品思维；

……

以上是按照“胜任力 = 课题”的原则来设计课程包的大致流程。

以胜任力为课题来确定课程内容，遵循的是以终为始的思路，同时，也是从人才晋升的角度去提供学习内容，当员工需要晋级时，就能够很方便地针对自己的现状，找出自己的短板，找到自己所需的、合适的课程进行学习。

**问题 = 课题**

怎么理解“问题 = 课题”？我们通过一个工具——“四流合一”来看（见图 20）。

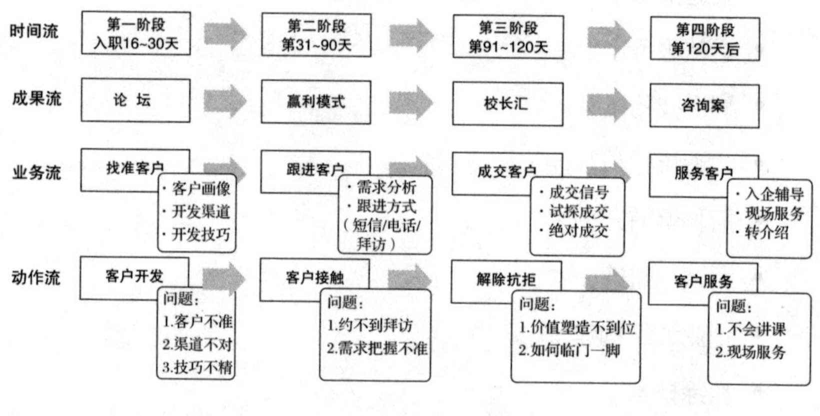


图 20

“四流合一”是一种梳理问题的工具，按照时间流、成果流、业务流、动作流进行一一对应，直到最后找出核心问题。

以行动教育集团营销经理的培养为例，针对营销经理的课程，我们大部分是基于“问题 = 课题”的思路，利用“四流合一”工具来设计的。

一名营销经理在入职以后，第一个月从销售论坛产品入手；第二、三个月销售精品课程；第四、五、六个月，他要着手推销“校长汇”产品；入职半年以后，要能与客户签订咨询辅导方案。不同的时间流下，要求他有循序渐进的工作成果。不同的成果对应不同的业务，不同的业务需要不同的销售动作进行支持。

我们以营销经理在“客户开发”这个核心动作上可能遇到的问题为例：

1）目标客户找不准。他可能拿着名单，遇到一个客户就开始推销，而这个客户真正的需求是什么？他是不是潜在客户？他不知道。所以，找准目标客户对他而言是个问题。

2）获客渠道不清楚。潜在的客户经常和什么样的人在一起？他会有什么爱好特征？会在什么地方出现？他不知道。那么，找到有效的获客渠道也是他的问题。

3）营销技巧不具备。老到的销售打电话之前会花上一小时构思，通盘考虑、深思熟虑以后再拨号码，可能电话一打就能成交。但是新来的营销经理能做到这样吗？不一定，他有可能技巧不精，电话打过去就被挂了，拜访客户总要吃闭门羹，这些都是问题。

根据这些问题，在他入职一个月内，我们给他设计客户画像、开发渠道、开发技巧等相关内容的课程，提高他找准客户、开发客户的技能。这就是典型的按照“问题=课题”思路进行的课程设计。

到下一个时间流，他对应的成果流是推销精品课程，业务流是跟进客户，做出需求分析等；所要求的必备动作是接触客户，进行拜访。针对这样的情况，我们给他设计如何把握客户需求、如何现场服务并成交等课程，帮助他提升业绩。

按照“问题=课题”，我们把这个营销经理就职的不同时段，他所要达成的成果，所要完成的业务，所要进行的动作等信息都归纳出来，四流合一，因需开课，以此来逐个解决他的痛点，逐步提升他的业绩。

在这个案例中，我们根据“问题=课题”的思路为营销经理设计了对应课程包。为了设计好这个课程包，集团的业务标杆、直线主管、业务领导、研发专家等人在一起头脑风暴了好几次，数次规划、筛选、整合，最终才得以确定。

这样的课程基于营销经理在业务中遇到的实际问题，解决的都是他的痛点，贴身定制，循序渐进，能够直接有效地帮助营销经理提升业绩。

按照这样的思路设计课程包，联结而成的学习地图，能够起到导航的作用，指导员工在工作中快速成长，保持正确的前进方向。同时，也能保证企业的培训有的放矢、卓有成效。

## 2. 多模式学习

学习好比登山，山顶只有一个，但登上顶峰的路可以有无数条；学习也是如此，学习的目标是明确的、唯一的，但学习的方式却五花八门，多种多样。我们根据对象的不同，时间安排的不同，资源种类不同等，总结出以下多种学习方式。

（1）高中基“金字塔”学习法（见图 21）

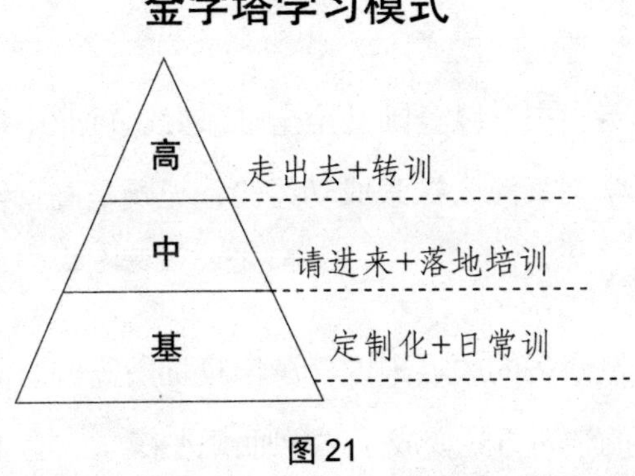


图 21

不同的对象适用不同的学习方法，比如高管，企业鼓励他们“走出去”。

“读万卷书，行万里路。”高管走出去，到标杆企业、知名学府去集训游学，和管理企业最成功的人交流互动，接受新的管理理念、方法、思维的碰撞，自然受益良多，能够开拓新的视野，收获新的认知。

---

1997年，任正非到美国硅谷考察。他发现IBM公司非常优秀，回国以后，立即引入IBM的咨询导师和业务专家，大手笔投入资金，启动了研发和供应链管理等领域的变革。甚至为了适应这套新的管理体系，华为还实行了大裁员，以更好地应用先进的管理理念与技能。之后，华为和IBM持续合作了近20年，搭建了先进的管理体系，发展成世界级的领先企业。从这个角度来说，正是外出游学成就了今天的华为。

---

企业高管走出去，以全国甚至全球最好、行业中最优秀的企业为标杆，对标学习，深入探索成功经验，无疑是高管学习的最好方式之一。

不过对数量众多的中层来说，游学集训所需的时间、资金耗费太大，更合适的学习方式变成了“导师请进来”。

---

行动教育每年都会邀请世界上顶尖的经管专家前来授课，2017年邀请了世界著名的、当今世界个人职业发展方面最成功的顶尖演说家、作家及职业发展顾问博恩·崔西，

曾经预言云计算、物联网、网络经济等商业趋势的商业科技预言家凯文·凯利，以及哈佛大学教授、全球最具影响力的战略实施与运营管理专家罗伯特·卡普兰等，前来上海开堂授课，为中层提供学习的机会。

---

针对基层，行动教育建立了覆盖全员的行动大学，对应不同的岗位、不同的职级，设计好定制化的学习地图。每个进入企业的员工，都可以在管理或者专业发展方向上，找到适合自己的学习内容。

高层走出去，中层请进来，基层在企业大学中培训，不同的对象采取不同的学习方式，形成了一个典型的金字塔培训模式。

（2）集训与日常学

按照时间划分，可以将学习方式分为集训和日常学两种。

海外游学、导师授课这样的集训方式学习效率较高，专题专课解决问题，对于提升团队的凝聚力也有着良好的作用。同时，长年坚持在公司内部开展读书会活动，定期进行绩效面谈、拜师学习等，这样的日常学习方式能够坚持下来，对于提升团队素质也不无裨益。

其中，拜师方式虽然传统，但历久而弥新，自有其优点。拜师不仅可以保证老员工的技术知识高效地传递给新员工，在企业文化传承上也有着重要的作用。中兴通讯的培训方式就包括给新员工指定师傅，师徒结对，由师傅跟进新员工的学习和工作，手把手地帮助其提高工作能力。实践证明，通过拜师，员工能够更快地融入企业，适应工作，在工作中遇到的难题也能得到高效解答，节省了很多探索和试错的时间。

（3）线上＋线下学

从学习资源来看，除了传统的开堂授课，新型的网络学习、电子化阅读风潮渐起，把学习方式划分成了线上、线下两大类。如果条件所限，不能参与课堂学习，那么 MOOC 平台、移动终端 App 等，都可为员工的学习提供极大的便利。

总之，针对企业面临的不同需求，面向不同的员工，灵活地选择更适合的学习方式，各取所需，更有利于提高培训的效率，让学习成果最大化。

## 第二节 LTPC之“考核”

企业培训真的有成果吗？很多企业家都怀有这样的疑问。

想要回答这个问题，必须依靠“考核”——人才复制路径中最重要的一环。

考核能够直观地衡量培训成果和效益：学员对课程是否欢迎和接受？通过参加培训，他们获得了多少知识和技能？这些收获给员工带来了怎样的行为改变？他们的这种改变带来了令人满意的结果吗？这些都可以纳入考核范围。

有效的考核能够观察到培训成果，有利于培训工作的总结与再提高，当然，想要实现考核有效，也需要科学系统的方法。

## 1. 四级考核法则

世界公认的重要考核评估方法“柯氏四级评估法则”，把考核分为反应层、学习层、行为层、结果层四个方面（见图 22）。如何理解这四个层面？我们通过一个案例来看。

| 考核维度 | 反应层 | 学习层 | 行为层 | 结果层 |
|---|---|---|---|---|
| 考核时段 | 课程中 | 课程结束时 | 训后三个月内 | 训后三个月后 |
| 考核内容 | 出勤、发言、课堂作业、通关练习 | 课程试卷 | 月360度测评、教练反馈表等 | 团队业绩 |
| 考核指标 | 出勤率、发言次数、作业提交及时率、班主任评分 | 笔试成绩 | 上、同、下级评分，教练评分 | 业绩达成率 |
| 总得分占比 | 10% | 10% | （15%+15%）=30% | 50% |

注：此考核方案，既是对学员的考核，也是对学习项目有效性的考核

图 22

---

王响是一家公司的销售员，他头脑聪明，业绩突出，积极上进，工作资历也足够，各项条件都证明他具备了被提拔的价值。新年伊始，王响果然被提拔为销售经理，带领一个 10 人销售团队，负责公司在华北地区的销售工作。

公司为王响量身定制了一个培训计划，内容包括领导力、辅导技巧、管理技能等，用来帮助王响顺利地从业务员转变为公司领导者。王响对学习非常用心，听了很多课程，阅读了大量的资料和案例，还进行角色扮演，模拟实际情境，

努力提高自己的知识与技能水平。

考核一直贯穿于整个培训的过程。首先，从反应层的考核结果来看，王响对培训非常投入，自我满意度高，他相信自己经过培训以后，能够成为一个优秀的销售经理。

其次，在学习层上，王响掌握了一个团队领导者所必须具备的知识和技能，顺利地通过了相关知识和技能的考核。

再次，从行为层的追踪考核结果来看，经过培训以后，王响将在培训中学到的技能应用于自己的工作实践，很好地胜任了工作，把团队管理得很好。

特别是王响的团队中有两个原来的同事，现在变成了他的下属，心理上有所抵触，工作不是很配合。王响回想起培训时曾经模拟过这样的情境，于是，他应用了所学的方法，一方面，在给这两个下属安排工作时，巧妙地暗示对方，这是由上一级领导分配下来的任务，减少对方对工作的抵触；另一方面，他放出招聘外部人员的消息，让下属知道自己在寻找后备人员，从而给下属施加工作压力。两个小技巧让他顺利地解决了这个棘手的问题，同时也树立了自己的威信。

最后，王响在接下来的工作中，带领团队拿下了几个大客户，做出了漂亮的成绩，受到鼓舞的销售员们团队意志更强，士气旺盛，业绩也随之节节高升。在结果层的考核上，王响也给出了令人满意的分数。

---

通过这个案例，可以看到：

（1）“反应层”考核的是员工对培训的满意程度。

这种考核一般来自“课堂第一线”，发生在培训的进行过程中，可以通过考察学员的出勤、发言、课堂表现、参与练习等课堂行为反应，观察员工对培训课程和讲师的感受。

对反应层的考核还可以采取问卷调查法。不过，在实际情况中，很多员工为了省事，会在问卷中随意勾选，“不满意”写“满意”，要求给出建议也直接写“无建议”，这就影响了考核的有效性。

所以，需要提前和员工说明，如果没有如实反映问题，下次培训就还是这样的条件、这样的管理、这样的讲师，那么浪费的就是员工自己的时间、精力……从而督促他们认真对待，找出问题。

（2）“学习层”考核的是员工的学习效果，确定员工在培训结束时，获得了多少知识、技能和经验的提高。

这一环节的考核是在课程结束之后，通过发放试卷、模拟演练、技能通关，来测量学员对课程内容、重要的知识点、业务技能的掌握程度，以此了解学员在受训以后，对知识和技能的掌握是否有所提高，有多大程度的提高。

（3）“行为层”的考核是为了查验学员在实际工作中，能够多大程度地应用所学知识技能，并且带来相应的行为改变。

这种考核一般在课程结束三个月之内，主要通过两种方式来进行考核。

一种方式是360度测评，让上级、同级、下级、客户对学员在受训之后，对学员在工作中的行为改善进行评价，考核其受训的成果转化。

另一种方式是教练反馈表，由跟踪学员的直线主管提供，评测学员的行为改善是否有所提高，帮助企业了解培训的效果和价值。

在现实中，很多企业的员工参与培训都是“课堂激动，课后不动”，回到工作岗位以后，少有学以致用。所以，针对行为层进行考核，也是督促员工把学习内容应用到工作中的一种有效方式。

（4）所有企业的培训，最终指向的都是员工绩效的改善。“结果层”的考核，评估的正是培训为企业带来了什么，对绩效结果有何影响。

在课程结束三个月之后，考察学员或受训团队的业绩，通过业绩达成率来考核培训的结果。

### 2. 考核的价值

从反应层、学习层、行为层、结果层建立起来的四级考核，在时间上，贯穿了培训前、培训中、培训后的整个过程；在方式上，有练习、试卷、测评、反馈表等多种手法；在维度上，从员工本人、上级、下级、主管等多个角度进行。

在实施考核时，全面收集信息，系统反映成果，相对来说，更能保证培训活动的反馈有效性，保证培训活动更准确有效，是指导企业精进培训工作、高效培养人才的重要一环。

## 第三节 LTPC之“练习”

俗话说：光说不练，十年不变。

我们在实践中摸索发现，企业大学项目的交付过程中，并不是课程越多越有成效。大多数企业把培训理解为简单的授课，组织员工听完一堂课又听一堂课。这样的模式充其量是传递知识，课听得太多，学员还会有培训不接地气，课程与实际工作割裂的感觉。

那么，在实际操作过程中，想要取得预期的培训成果，产生实效，关键在哪一个环节？是“练习”的环节（见图 23）。

| 技能名称 | 课堂练 | 课后练 | 集中练 | 个人练 |
|---|---|---|---|---|
| 管理技能——时间精力管理、项目管理、目标管理、计划、授权、绩效管理、团队激励 | 在线习题 | 制作工作改进计划表，据此来执行（各项能力在什么人什么事上练） | 分校组织，教练就每天的反馈来点评、辅导，结对子跟进练习的情况 | 相关的流程、要点、话术，自己找时间来强化记忆、理解、讲演 |
| 面试官、选拔 | 在线习题：设计结构化面试问题 | 设计情景测评工具、面试 | 分析入职后人员表现和面试结果的差距 | 拓展阅读：《冰鉴》、心理学等书 |
| 大客户销售 | 情景模拟 | 实战拜访 | 分公司内训 | 话术演练 |
| 客户咨询提案 | 现场演练 | 实战提案 | 内部分享 | 结构性表达 |
| 黑带大师——实效授课 | 在线习题：知识要点 | 给客户免费做内训 | 分公司内训 | 对镜练习，回看录像 |
| 教练式辅导 | 落地成果辅导 | 给团队成员做教练辅导计划 | 分校校长任总教练，辅导教练 | 教练工具演练 |

图 23

### 1. 让学习产生实效

成人获取知识和技能遵循这样的规律：70% 来自实际工作的历练，20% 来自人际互动，10% 来自正式的课堂学习。

通过学习，员工具有了基础知识。接下来，带着知识、问题在岗位当中练，在具体的工作情境中，才能不断地夯实自己的专业知识。

### 2. 全过程练习

在练习频次上，行动教育为员工做培训时，按照课程进展，配合 3~4 次练习。

在课堂上，通过习题、现场演练，帮助员工深入理解培训内容。课后趁热打铁，通过实战练习，巩固学习成果。不仅有教练辅导的集中练习，也有个人的个性化练习，多次练习帮助员工深入学习、挖掘潜能。

在练习方式上，同样有角色演练、轮岗、实践等不同方式。角色演练是体验式的教学方法，通过在课堂上模拟工作现场，让员工根据特定角色的情况，直接面对接近现实的情景，现学现用，将课程知识与实践无缝对接，加深对教学内容的理解。

轮岗是一种非常实用高效的练习方式，世界顶尖的管理咨询大师拉姆·查兰非常推崇轮岗，他多年来近距离观察通用电气、高露洁、德事隆等世界级企业，提出了“轮岗培养模式”，意思是通过岗位轮换、领导反馈、自我修正和重复实践来培养人才。企业在选拔好培养对象之后，为其精心规划工作安排，让他们在不同的岗位上锤炼自己，这是一种快速提升能力的培养模式。

实践则是练习的一种重要方式，只有付诸实践，多次练习，才能让培训的成果落地。以对人才培养要求最高的飞行员培养为例，想要做到某一层级的飞行员，规定必须经过各种形式的实践，必须有这样的航线资格：“建立 150 小时的经历时间和 10 个航段的航线经历：其中至少 30 小时和 4 个航段的观摩，包括至少 4 次飞行，其中至少 3 次作为该飞机的操纵驾驶员的飞行，其中 1 次操纵应当在飞行关键阶段用人工飞行的方式操作飞机……”

练习在培养过程中的作用举足轻重，员工只有能够将学来的知识或者技能在工作中加以运用，让知识内化于心，才是最见成效的培训方法。

# 第四节
# LTPC之“跟踪”

### 1. 验证实效的关键

我曾经看过这样一句充满哲理的话：重要的不是发生了什么事，而是明白要做哪些事来改善它。

同样，在人才培养上，更重要的是知道培训的成果——它给员工带来了怎样的技能增长、行为改变、业绩提升，以及知道如何进一步巩固和改善这个成果，最终实现企业的战略目标。

从这个角度来看,人才培养路径的最后一环,必须是“跟踪”——跟踪培训成果。

花了大价钱进行培训，员工的学习状态好吗？在培训中有所获得吗？培训的效果达到预期了吗？公司的业绩改善了吗？这些都是需要跟踪了解的。

与四级考核一样，我们认为培训成果也要从学员的反应、学习、行为、结果四个层级进行考察评估（见图 24）。

<table>
<tr><th colspan="2">跟踪维度</th><th>反应层</th><th>学习层</th><th>行为层</th><th>结果层</th></tr>
<tr><td colspan="2">跟踪时段</td><td>课程中</td><td>课程结束时</td><td>训后三个月内</td><td>训后三个月后</td></tr>
<tr><td colspan="2">跟踪内容</td><td>出勤、发言、课堂作业、通关练习、学员满意度评估（单课+项目）</td><td>课程试卷成绩</td><td>月360度测评、教练反馈表评分</td><td>团队业绩</td></tr>
<tr><td colspan="2">执行部门</td><td>行动大学</td><td>授课老师</td><td>用人部门</td><td>用人部门</td></tr>
<tr><td rowspan="2">跟踪形式</td><td>学员</td><td>观察、统计</td><td>评分、统计</td><td>观察、记录<br>评分、统计</td><td>日、周、月、<br>季销售报表统计</td></tr>
<tr><td>相关干系人</td><td colspan="2">观察、记录，专家评价</td><td>周、半月、月<br>教练反馈表</td><td>业绩辅导计划<br>总结分析报告</td></tr>
</table>

图 24

尽管如此，但“跟”与第二个环节“考”是有所区别的，“考”侧重于了解学员本身在培训中的收获成长，而“跟”侧重于考察培训活动是否实用有效。

## 2．四个层次的跟踪

（1）关于学员反应。主要是在培训时，通过观察、记录的方式，调查员工对培训项目的直观感受、对培训导师的看法，了解他们对培训方式、教学活动、教学管理等的意见，评估培训内容是否实效。

（2）关于学习收获。主要是评估学员对培训内容的掌握程度，考察培训是否达成理想目标。评估方式有闭卷考试、观察评分、问卷调查等。

（3）关于行为表现。主要是对员工在培训后的工作行为进行评估，确定学员是否能够将知识技能有效地转化、运用到具体工作中，确定培训是否真正对学员的工作有所推动和帮助。评估方式有现场观察、访谈记录、问卷评分、统计等。

一般情况下，由于知识技能的运用需要一定时间落地，行为表现的跟踪可以选在培训三个月后进行，以保证行为表现的评估有效性。

（4）关于绩效结果。主要是评估企业的绩效是否因为学员培训得到了改善，是否节本增效，是否提高了企业利润，是否提升了客户满意度，这些情况可以通过业绩辅导计划、总结报告等方式进行了解，从而确定培训对企业的业绩影响。

综上所述，LTPC 是这样一种学习路径：

首先，它将学习的内容联结成地图，形成一个相互关联又自成逻辑的体系，让学习内容变得系统。

其次，它从多个层面检测、考察学员的学习行为，有效地激励学员更用心地参与其中，并做出积极反馈。

最后，它从各个角度观察学习给学员带来的改善与提升，可以有直观的结果，验证培训活动的有效性。

这样的学习路径，是企业科学有效地开展培训活动的重要途径。

# 第七章

# 人才复制环境

首先分享这样一个故事：

2015年的一天，一位刚从哈佛大学商学院毕业的学生，在街头拦下了一辆出租车。上车以后，这名毕业生忍不住和司机聊天，夸耀自己的学历，描述着远大的抱负，设想着理想中的大好前程，激动之情溢于言表。

司机一边静静地听着，一边默默地开车。到了目的地以后，司机转过头来，握住毕业生的手说："我们握个手吧，我是哈佛2005年毕业的。"

这个故事是发人深省的：名校毕业并不代表着就拥有了强大的能力，只有持续学习新的知识和技能，并能学以致用，才能适应社会，创造属于自己的广阔未来。

在这个知识更新速度不断加快，竞争日益激烈的时代，个人需要不断地学习，企业又何尝不是如此！

企业也要有持续不断的学习力，拥有可持续复制人才的体系，驱动人才学习、成长，保持创新与变革的能力，以适应日新月异的社会环境，让自己的生命力更长久。

# 第一节 文化先行是首要

对于一个国家来说，文化是最深厚的软实力。基于文化所产生的向心力、凝聚力、行动力及使命感、荣誉感等，都是一个国家实力的重要组成部分。

对于一家企业来说，企业文化也必定是企业最重要、最突出的软实力。我们分析那些世界上著名的长寿公司，总会发现这些公司有着一个共同特征，那就是它们都有着自己独特的、先进的、优秀的企业文化，以此激励与团结着员工，支持企业的长远发展。

尤其是在物质生活越来越富足的今天，员工评判一家企业是否够好，不再只是单纯地根据薪资高低、工作好坏来判断，而是会更多地关注企业的发展、企业的文化。

什么样的企业文化更能吸引人呢?

在这个以人为本的时代，那些重视人才培养、爱才惜才的企业，毫无疑问更能让员工感受到归属感。

在这个知识大爆炸的时代，那些鼓励员工学习、不断鞭策员工成长的企业，当然更能给予员工足够的安全感。

---

行动教育集团企业文化最大的特点，就是推崇实效学习，把人才的成功放在首位。公司自上而下地鼓励员工持续学习、持续创新，每位来到行动教育的员工，我们都极力支持他深入学习，为他创造学习的条件，对他的学习进行监督与鼓励。

为了给员工创造更好的学习条件，行动教育集团每年投入近千万元费用，为员工提供丰富多彩的游学项目、学习课程。我们为每名员工从入职到高层管理者的成长，规划了明确的学习路径，以每月都有读书会，每季都有总结复盘，每年都有集中培训的频率，保障他的持续学习成长（见图 25）。

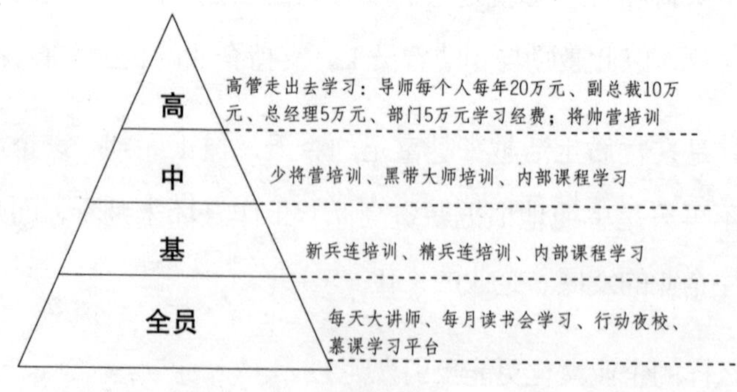


图 25

集团所在的办公大楼内，触目所及都是大书架，书架上摆满了书籍，品类涉及经营管理、历史文化、社会科学、名人传记等各个方面。在集团的MOOC平台上，我们开发有针对营销、财务、人资等的各种课程，全面覆盖员工的学习需求。

在制度上，我们鼓励员工们在工作中勤于学习，在闲暇时以阅读娱己。同时，我们也对每名员工提出要求，规定每半月至少读透一本书，再根据这本书写一篇翔实的读书笔记，记录下读书时所获得的新知、感悟，对自己提出改进的计划，并与同事们一起分享所读所感，力争在整个企业打造出全员学习的氛围。

走在行动教育的公司内部，随处可见的是阅读角，是图书馆，工作台上也是琳琅满目的书籍。随便拿起一本书，都是圈圈点点勾勾画画，做满了笔记。在公司内部，我们对于上级管理者的称谓“不带总”，只称呼“老师”。这些细节，都是行动教育提倡学习、重视人才培养的企业文化的表现，是企业鼓励人才学习成长的缩影。

---

塑造重视人才培养的企业文化，需要企业内部自上而下地贯彻科学的人才管理理念，需要企业一把手对人才战略足够重视，需要高层领导付出精力参与培养过程。

企业文化重视人才培养，更能激发员工的认同感。被企业文化同化的员工，能够把企业的使命、愿景、价值观与自己的职业发展紧密联系，成长为企业的嫡系子弟兵，与公司同呼吸共命运。

重视人才培养的企业文化，鼓励员工持续学习、持续成长，拥有创新不断的活力，更能适应这个快速迭代、日新月异的社会环境，实现企业的飞速发展，实现企业的美好愿景。

## 第二节 机制建设是关键

某公司是一家文教用品生产企业，拥有员工300余名。因为这家公司生产的产品技术含量低，对技术要求不太高，再加上公司盈利尚可，所以公司内部从管理人员到工人，每天按部就班，没有学习进取的动力，也没有创新科研的精神。

日常工作中，HR有85%的时间都是在做招聘和培训新人的工作。老员工熟悉业务以后，就成为流水线的一分子，像机器一样机械化工作，没有持续深入的学习活动。

公司关于培训没有系统的计划，管理人员觉得下属只要能够应付工作就可以，不必再搞学习培训。有时公司组织职工培训，内容和形式都比较枯燥单一，员工反而有抵触情绪，不愿意参加培训，也不太接受培训后被测评。

久而久之，按部就班、机械化工作成为企业的一大特点。企业老板越来越焦虑，认为那些学习型企业充满了浓厚的学习气氛，员工自觉地学习，富有创新和探索精神，而自己想要推行学习机制、想要培养人才都无从下手。

---

可能有很多企业都和案例中的企业一样，现状一成不变、死气沉沉。那是因为这些企业没有意识到：学习是一件需要克服惰性，需要长年累月坚持才能看到成果的事情。大部分人没有长远眼光，懒于克制和约束自己。企业想要驱动这样的员工学习，必须建立相应的机制，强化日常管理。

---

行动教育的日常学习管理机制

1. 学习分享机制

行动教育建立了1：0.2分享机制，规定所有外派培训的员工，必须要把学习的内容，在内部做分享和转训：

1）在课后15天内根据学习时长进行1/5时长分享，超时1天“赞助”（意同罚款，下同）100元，直至分享执行完毕。

2）如不进行分享则学费不予报销。

2. 学习改进机制

1）改进提交：每次培训，学习参与者至少要设定1条改进计划，要求与培训成果紧扣、可数字量化、可操作执行、改进期限尽量为1个月内，以保证能被有效跟进评估，直接主管务必认真审核。在培训结束后第二天中午12点前在线提交，超时1小时赞助10元，以此类推。

2）成果验收：部门经理每月15日前要在“在线平台”上对部门员工上个月的“改进计划”进行验收评分，说明成果，由学习官进行抽查，若实际执行结果与部门主管验收表不一致，对部门主管进行100元/次的处罚。

3. 学习纪律机制

行动教育对待纪律非常严格。

1）迟到：培训开始15分钟以内算迟到，迟到1分钟则赞助100元，每1分钟+10元。超出15分钟按缺席处理。

2）早退：提前15分钟以内离场算早退，早退则赞助100元，每1分钟+10元。超出15分钟按缺席处理。

3）请假：除因公出差或提交书面请假单经CEO审批（包括分公司），副总裁、总经理不参加学习一次赞助200元，总监不参加学习一次赞助 100 元，伙伴不参加学习一次赞助 50 元。

4）缺席：未请假或请假未经 CEO 批准而不参加培训者，副总裁、总经理不参加学习一次赞助 500 元，总监不参加学习一次赞助 200 元，伙伴不参加学习一次赞助 100 元。

5）不培训：处以责任人 500 元的赞助处罚。

---

企业是依靠科学合理的机制持续运行的，培训也需要完善机制，以强制推动的方式，促使员工主动学习。机制是保证培训计划能够落地、培训活动有成果的必要手段。

## 第三节
## 技术配套是必备

在企业创建人才复制体系的过程中，有一项非常重要的工作，那就是对企业内部的专业知识进行整合、管理与传播，对人才培养系统进行技术维护。

比如开发平台的技术，是搭建企业的MOOC平台、开设学习App所需要的。

比如研发技术，员工的操作规范手册、学习地图中的课程包，要有专人专职进行管理；想要进行经验萃取、课程开发、书籍出版等，都需要专业的研发人员。

比如带教技术，如何系统地培养内训师，充实企业的教练人员，教练怎样将一门课程讲好，这些属于带教技术的范畴。

所谓术业有专攻，我们更建议企业委托第三方，找一个集培训与咨询服务为一体的团队，由他们根据企业的需求，完成技术性的专业工作，搭建人才复制系统的整体框架，并且为系统的运作提供全方位的服务。

企业自身的工作包括拟制培训计划，提出课程开发需求，推动企业内部培训活动开展。而第三方专业团队负责开发知识管理技能，整合线上线下的课程资源，提供技术方面的运营，组织培训教学活动。二者互相配合，相得益彰。

---

行动教育慕课（MOOC）是行动教育旗下的实用技能学习平台。在这个网站上，由集团内部的专业导师、优秀员工讲课，总共制作了 3 000 余堂课程。

海量的课程按照种类，分为营销管理、销售技巧、会务品质、绩效管理、财务管理、行政管理、网络营销等数十种；从员工的职级划分，又有新兵连、精兵连、大将营、黑带大师等。

每名行动教育集团内部的员工，无论需要哪种专业知识的帮助，都可以在这个平台上找到对应的课程进行学习。具体流程是填入注册信息，登录网站，在首页上就可以看到课程名称、授课教师等信息，按照自己的需要，直接点击听课即可。

创新的在线学习给员工提供了良好的体验，不论是工作中，还是闲暇时，甚至等车的间隙、见客户之后的休整时期，都可以登录网站，随时随地展开学习。

这些课程的讲授者都来自集团内部，有的是专门研究相关课题的导师，有的是在岗位上做出出色业绩的优秀员工，他们有的传授专业知识，有的讲述工作中的实用技巧，讲自己所做、所感、所悟，毫无保留地分享给集团的伙伴们。

很多企业在进行知识管理时，会发现企业内部的知识分为两种，一种是被明文记录的，比如员工的操作规范手册、部门的流程规章；另一种是不被记录在册，却是在实操中积累起来的工作经验或者技巧，娴熟的老员工内心有数，却没有用有效的方式记录下来，新员工全凭在实际工作中留心观察才能感悟，或者要以“师傅带徒弟”的方式加以传承的。

前一种知识管理起来比较简单，后一种专业知识却大多被疏忽，随着老员工离岗，大多也都烟消云散，新员工又要在实践中慢慢摸索。

行动教育的慕课平台在很大程度上解决了这一矛盾。在集团内部，凡是业绩出色、技巧出众的员工，都能参与到授课活动中来。“人人都是大讲师”，只要你有一技之长，就可以制作成课程，放在慕课平台上，以供集团内部数百名伙伴学习借鉴。

职业教育讲求实效，专业知识必不可少，实践中的技巧更难能可贵，只有在经历了知识与技能的双重修炼之后，员工才能收获全新的个人发展与能力提升。

从成立的第一天起，行动教育秉持的初心就是让实效教育改变世界。为了达成这个目标，我们一直以来采用的“笨”方法就是“讲自己所做，做自己所讲”。

只有经得起时间考验，能够落地操作，实际成果卓然的经营管理课程，才是中国的民营企业真正需要的课程。同样，我们推行的技术与工具，也是自身在实践中操作过无数遍，效果经得起检验的技术工具。

在复制优秀人才，把企业打造成学习型组织，能够“生产”出优秀人才的组织之路上，行动教育一直在探索，在总结，在与中国的广大民营企业家们一路同行。

## 第四节 资源倾斜是核心

企业打造人才复制系统，建立企业大学，可以是有形的。比如我曾经去过一所企业大学，该大学建起了一整栋楼，里面的教室非常漂亮，教学设备非常齐全，条件完全不亚于北京大学、清华大学等名牌大学。

这位企业大学的校长说，企业大学需要一个固定的地方，建立专门的校舍，给员工一种归属感和仪式感。如果目前条件不够，盖不起一栋楼，至少也要专门腾出一间办公室，把它布置成教室。

但归根结底，无论是有校舍还是没有校舍，我们认为，企业里的学校应该是没有围墙的，车间是教室，办公室也能成为课堂；项目是课题，问题也能成为课题。

不管硬件如何简陋，只要软件能跟上，知识体系搭建完整，主管、领导乐于分享，培训机制足够完善，学习方式多样化，内容充实，能够达成培养人才的实效，就是一所好的企业大学，一条运作有效的人才生产线。

当然，想要实现这一点，企业的高层管理者需要倾斜资源，不只是从人力、物力、财力上给予支持，也应参与到实际运作中来。担任校长，或者直接担任授课讲师，甚至参与到挑选学员、跟进考核的工作中，带动整个组织的学习活动。

在我从事企业管理与培训十多年的职业发展路上，我亲历了民营企业家在学习方面的极大转变。

首先，是学习思维改变。

以前企业家们是流行什么学什么，容易盲目跟风。现在则是以终为始，知道自己想要什么，什么东西是有用的，然后有针对性地去学习。

其次，是参与学习的人员有所改变。

原来是企业家自己一个人出来学，现在发展到以团队出来学；由核心团队外出学习发展到建立自己的企业大学，推动全员学习。这是因为他们已经深深地感到，没有一项事业是一个人能够做成的；身为领导，无论他跑得有多快，如果后面的人跟不上，那也是高处不胜寒，保证不了企业的持续发展。

再次，企业家们更加注重学习的系统性、时效性。

从前是漫无目的地听课，只要有人在台上讲，就有人坐在下面听，不问内容是否有效，不问讲师的出身来历。现在则要求内容一定要跟企业的实际工作、实际发展相关联，企业有什么问题，需要解决什么问题，就去听什么样的课程，并且是系统性地去学习，而且还会对授课的导师加以分析、考察：他所说的自己做得怎么样？别人听了他的做得怎么样？

这些现象，反映出企业家们对于学习培训的需求与认知越来越理性，也倒逼了培训市场上的更新迭代、进步升级。

最后，现在的学习形式发生了巨大的变化。

过去学习，几乎都要企业家们走出来，到课程现场听。现在，得益于科技的进步，我们利用高新科技，搭起了手机 App 上的学习平台，建立了网上的 MOOC 平台，为众多企业家们提供了多样化的学习选择。

同时，企业自身也顺应变化，搭建了自己的学习平台，进行企业内部知识的管理与传承、企业智力资源的开发。

从这些企业家学习情况的变化上，我看到了当代中国企业家们心中的梦想，那就是将企业打造成学习型组织，建立一套系统复制人才的体系；企业经营者成为校长型的企业家，为各行各业的人才培养，以及职业教育的推动，贡献出自己的力量。

# 第三篇

# 人才复制企业实践案例

## 案例1

# 勤奋笃行，培养行业专才

——奇盛商学院

**奇盛商学院背景**

奇盛商学院由河南奇盛科技有限公司创办。该公司成立于2004年，是河南省最大的集电梯销售、安装、改造和维修保养为一体的电梯服务商，具备行业最高的电梯安装和维修保养资质。

公司自成立以来累计销售电梯15 000余台，安装电梯8 000余台，维修保养电梯5 000余台，累计营业额50多亿元人民币。公司下设7个分公司，有员工300余人。

**创办理念**

- 愿景：成为中国最专业的电梯商学院

- 使命：一切为了培养电梯专业人才
- 价值观：以人为本
- 校训：勤奋笃行，求实创新

**累累硕果**

奇盛商学院的创办，为企业带来了五大成果：

- 建立了合理的人才复制工厂。
- 使公司的业绩得到了实质性的提升。
- 实现了公司的战略目标。
- 重新塑造了公司员工的价值观。
- 为企业留下了组织过程资产。

**特色课程**

卓越服务、安装技能实训、电梯法律法规、电梯安全管理、电梯国标与验收标准、电梯原理及维修、日常维护保养流程。

**创办初心**

企业面临项目日益增多、公司规模大幅扩张造成的人才紧缺局面，为了缓解人才压力，培育行业内一流的专业人才，创办了奇盛商学院。

商学院下设营销、工程、管理、服务四大分院，分别研发出了系列特色课程，对员工进行系统培训。

### 经验之谈

创办自己的商学院必须具备“四心”。

- 决心：做商学院必须果断、干脆，不能拖泥带水，才能先人一步。
- 耐心：商学院是人才复制生产线，见效慢，过程艰辛，绝不能急于求成。
- 重心：商学院的建设要分主次，哪些生产线我们最需要，则建立哪些生产线，绝不能“胡子眉毛一把抓”。
- 信心：要有足够的信心，相信我们一定能成功，不要轻言放弃。

# 放眼未来，着手现在

——海利商学院

## 海利商学院背景

海利商学院由广东昌华海利科技有限公司创办。这是一家专业生产和销售不锈钢管材的大型民营企业，公司前身是化州市海利轧钢厂，创建于1990年，2000年由轧钢转产不锈钢管。目前，公司占地面积13万多平方米，固定资产4.5亿元，职工1 300多人，具有年产超10万吨不锈钢管材的综合生产能力。

2003年，公司生产的“海利”牌建筑装饰用不锈钢管获得“广东省名牌产品”称号；2006年以来，“海利”商标连续被认定为“广东省著名商标”，产品畅销广东、广西、海南、湖南、江西、福建、贵州、重庆等地。

### 累累硕果

创办商学院前一年，公司年销售额约6亿元，经销网点约600个。创办商学院后，公司发展迅速，至2016年公司销售额已近12亿元，经销网点突破1 200个，翻了一番。

随着公司在江西、福建投资建设的生产基地相继建成投产，公司急需一大批管理人才。这几年，海利商学院为江西、福建生产基地培养输送了中高层管理人才12人，车间班组管理人才35人，各部门业务骨干45人。

目前，海利商学院已建立起企业价值观、领导力、营销三大知识体系，由董事长李儒昌任院长，钟信副总经理任副院长，各部门主管和业务骨干担任培训讲师。商学院设置了首席学习官，制定了有关规章制度，规范了商学院教学活动，从制度上保证了商学院的运行。

### 创办理念

- 战略：以海利企业文化为依托，以卓越绩效管理为框架，密切关注行业动态，紧跟时代发展潮流。
- 使命：培养企业一流管理人才，为企业持续发展提供智力支持。
- 价值观：感恩、责任、成长、创新。

## 特色课程

海利营销模式、海利品牌策划与运营、领导力、共建海利伟业、海利制管技术

## 创办初心

- 培养人才。世界500强企业的发展经验告诉我们，一个企业要想做大做强，必须要培养适合公司发展的内部人才。这与企业商学院的宗旨是一致的。无论是微软、谷歌，还是阿里巴巴、海尔，都是通过企业商学院实现人才培养和储备的，并为企业发展提供原动力。
- 推动企业变革。企业的经营不是一成不变的，而是根据市场环境进行适时调整的。企业商学院可以及时把决策层的市场策略和经营手段等传导给员工，并以合理的方式实现对员工的影响，改变其既有思维，实现企业的变革。
- 整合价值链。通过企业商学院，企业可以整合上下游的业务资源，打通所有资源脉络，实现上下游管理的一致化和流畅化。海利商学院在为本公司员工提供培训的同时，还会根据业务相关性拓展培训的范围，为合作伙伴提供海利企业文化、营销基础技能和其他通用技能的培训，从而实现整个价值链的整合。
- 传承企业文化和管理经验。通过商学院的课程研发，梳理、

浓缩、提炼企业文化和管理经验，使其形成知识体系，从而更好地传承和传播。

- 创建学习型组织。商学院的目的在于培养和教育，通过商学院的带动效应促进企业的学习氛围，从而实现全员学习与成长，并最终实现企业的成长和发展。

**经验之谈**

- 课程设置必须注重实效，基于企业现实和未来需要，培养为企业所用的高级人才，实现企业的战略和提升企业的品牌价值。
- 要充分发挥讲师的专长，例如管理培训，多由内部管理人员授课，主要讲授公司管理理念、管理体系和对员工的要求。而领导力最好由领导人授课，授课的核心内容是企业实践的经验和教训。
- 讲求系统，基于企业长期战略和组织状态，将能力模型、课程体系、学历体系、职位晋升体系融为一体，系统运作。
- 注重创新，增加课堂互动，引发学员思考，采用体验活动、小组 PK 等方式使知识和理论入心入脑。

# 案例3

# 实效创新，做行业的引领者

——味千商学院

## 味千商学院背景

味千商学院由味千(中国)控股有限公司(以下简称“味千中国”)创办。

味千中国(香港联交所股票代号 HK. 00538)是中国最大的快速休闲餐厅连锁经营商之一。自 1996 年成立以来，味千中国凭借其一流的拉面产品，以及系统化和标准化的经营优势，成功地在中国树立了家喻户晓的品牌，并不断快速成长，发展成一个拥有员工 10 000 余人的跨地区餐饮集团。

除了经营快速休闲连锁餐厅外，味千中国也生产销售拉面产品，在全国拥有约 8 000 个销售网点，并出口到新加坡、日本、澳大利亚等国家。

**累累硕果**

味千商学院已经完善了营运、开发、工厂三大分院的学习地图和人才双划图，以及培训集团各职能部门建设能力模型和学习地图。商学院教学团队拥有独立完成课程设计能力、课程开课组织协调能力，现在累计授课达 26 期，共有 4 000 余人次参加培训。

在味千商学院课程学习激励下，味千集团各个职能部门和各市场管理人员的精神面貌焕然一新，心态更加阳光，跨部门沟通更加顺畅，救火和内耗的现象急速减少，公司团队的凝聚力更加紧密，企业文化建设和活动更加丰富多彩。

**创办理念**

行动学习、培养人才

提升绩效、增长业绩

积累经验、传承知识

引领文化、促成变革

独立营运、创造利润

- 愿景：成为全球餐饮人才培养的引领者
- 使命：将每堂课做成精品，打造实效的人才孵化模式
- 宗旨：专注于创新实效的餐饮人才培养
- 校训：向善向上，知行合一；笃学精博，严谨创新
- 核心价值观：实效、创新、责任、诚信、感恩、激情

## 知识体系

### 知识管理

味千商学院形成了自有的知识管理体系：把每次培训的知识进行沉淀，同时把知识形成标准并推广运用，并把各方面管理经验形成知识进行推广分享，拥有课程开发 P-T-KSA 分析模板、组织智慧提炼模板、案例编写说明模板、学员练习编写和说明模板等。

### 知识利用

味千商学院已经建立与人才培养对接的知识库，有完善的课程库、案例库、教材库、工具库、数据库等。

### 知识创新

味千商学院形成了自有课程研发思路流程并拥有专职人员，掌握了满足自身人才培养的课程研发体系和流程。

## 教育体系

### 师资建设

建立了符合自身培训体系的师资队伍建设流程和机制，拥有与实际需求相符的师资人员。目前有三大职能分院、九大地区分院、十大培训讲师、二十多位兼职讲师以及一支高效的后勤培训团队。

### 品牌师资

目前有十大内训认证讲师（行动教育认证）。

### 硬件配置

味千商学院有固定的培训教学楼（拥有 500 平方米的多媒体教室，3 个 200 平方米的会议室，70 间标准住宿房间，1 个 700 平方米的餐厅）；集团每年有固定的预算费用用于商学院的培训。

## 特色课程

秉持“意、闻、思、行、修、果”的理念，紧密结合实际餐厅营运需求，站在企业文化推广、企业发展战略的高度，以人才培养为核心，以卓越营运为出发点，味千商学院设计出“增长为王——打造卓越餐厅经理”品牌课程（包括阳光心态、黄金思维、雷霆行动、卓越团队四门套课）。

**创办初心**

打造学习型组织，引领企业变革，培养人才，壮大企业，实现企业愿景。

**经验之谈**

第一是根本点：要有雄心壮志，要有远大的梦想、情怀和愿景。

第二是切入点：个人学习成长、以身作则、行胜于言、只有自我先学习成长才能够带领组织成长。

第三是引爆点：准确把握商学院建设过程的真假冲突点、内外冲突点、上下冲突点，及时排除发展障碍。

第四是制高点：建设心智模式，开展有意义的学习，全心全意、全面发展、自动自发、自我评估。

第五是挑战点：商学院建设是系统建设，系统建设具有“时间延迟”，决定学习的输入需要时间才能取得成果。

第六是实效点：味千商学院发展和课程授课模式始终秉持实效、知行合一的理念。

## 案例4

# 勤学精进，成为行业第一

——伍子醉商学院

### 伍子醉商学院背景

伍子醉商学院由湖南伍子醉食品有限公司创办。湖南伍子醉食品有限公司是一家集采购、加工、生产、销售、科研于一体的大型槟榔食品企业。目前，公司占地23万多平方米，建筑面积超过22万平方米。

自1996年8月18日创办以来，公司坚持“精耕细作品质为王”的质量理念，精心打造出“伍子醉”“湘潭铺子”“枸杞槟榔”“潭州老店”“富贵坊”等系列品牌，产品畅销全国。公司多次被各级政府及有关部门评为“湘潭市农业产业化龙头企业”“湖南省质量诚信单位”等，“伍子醉”商标也被评为“湖南省著名商标”“中国驰名商标”。

2016 年 12 月 31 日，伍子醉商学院正式揭牌成立，董事长宾海龙和行动教育董事长李践共同为商学院揭牌。

## 创办理念

- 校训：勤学精进，知行合一
- 价值观：责任　诚信　实效　创新
- 宗旨：培养专业人才　全心服务社会
- 使命：一切为了人才的成长
- 愿景：让更多的人得到更好成长
- 定位：中国槟榔行业一流商学院

## 累累硕果

| 项　　目 | 项目成果 |
| --- | --- |
| 新兵连项目 | 业务员新兵连已实施 5 期，通过培训，业务员从体能、素质、团队融合到销售技能全方位得到提升 |
| | 职员新兵连实施 2 期，让新员工更快熟悉公司，了解企业文化，提升团队合作能力 |
| 储备干部班 | 实施第二届管培生项目，优化了管培生学习地图（课程 20 门），培养了 30 人 |
| 内训师营 | 开启第二轮内部讲师选拔，选拔出 47 位认证实习讲师（一星级） |
| 经销商特训营 | 针对经销商经营管理、营销管控、营销能力提升开展了 3 期特别培训班 |
| 拓展训练营 | 基于团队意志力、职业素养、团队意识的大融合项目，共开展 10 期，参训 603 人，结业 588 人 |
| 定制项目 | 绩效增长模式内训项目 1 期，历时 4 个月，参训 105 人，获奖 23 项<br>市场管理标准化项目 1 期，历时 7 天，培养合格督导 29 人 |

商学院每天平均培训场次为 1.5 次，在职员工平均学习课时 7 小时，讲师平均满意度 85 分以上。

## 体系建设

| 体系建设 | 内　容 |
|---|---|
| 知识体系 | 现有完成开发并在实施授课的课程 84 门，其中授课场次达 15 场以上的课程有 25 门，通过认证的金牌课程 15 门，正在开发及试讲课程 30 多门 |
| 教育体系 | 通过系统性 TTT 训练的讲师 67 位，其中，通过商学院与行动教育专家共同认证讲师 11 位；各分院组织选拔后备讲师 47 位，其中通过各分院认证 33 位，正在实习授课的讲师 10 余位 |
| 管理体系 | 已完成《课程管理办法》《培训需求与计划管理办法》《学员学分管理办法》《讲师管理办法》《教务管理办法》的制定与实施，《培训成果评估管理办法》正在研讨中 |

## 特色课程

| 所属分院 | 认证特色课程 |
|---|---|
| 管理分院 | 槟榔航母密码之企业文化、人资八段之员工关怀、非财宝典之销售成本管理 |
| 营销分院 | 精准营销——小王战略、高执团队——精准狠、强势终端、赢利智慧、谋局制胜 |
| 生产分院 | 生产控本宝典、目视化管理、班组教导必修课、班组管理入门秘籍、原果仓储六大诀窍、醉美槟榔——品质管控之 HACCP、设备大师之切籽机维护 |

| 类　型 | 其余部分自主研发课程 |
|---|---|
| 选人类 | 招聘与面试技能提升——目标选才、人才识别、普工面试技巧 |
| 办公技能类 | 函数天下、IF 的奥秘、一天学会 PPT |
| 风险规避类 | 劳动法规沙龙、员工健康密码、安全保卫战——事故预防 |
| 个人技能类 | 魅力主持人、巅峰演讲、金牌助教 |

**创办初心**

伍子醉二十多年的风雨历程，就是一部学习史，从学做槟榔到学做管理，从学做事到学做人，每次学习都影响和提升我们的境界和格局，因为有了持续不断的学习，才成就了伍子醉今天的辉煌。学习力是前进之本、发展之基。

公司董事长宾海龙先生指示，商学院必须秉承“让更多的人获得更多成长”的理念，以人才发展和公司战略协同为核心，以构筑企业全员培训体系为基础，提升公司员工的学习力、创新力、竞争力。

**经验之谈**

一是要紧紧围绕企业文化和办学目的，一切为了人才的成长，把商学院办成个人的充电器、团队的发动机、公司的人才生产线。

二是要坚持以内训为主，内外训结合的办学方针，每位部长应成为内训师，致力于创建学习型组织，为员工提供可持续学习和发展的机会。

三是要充分用好公司平台和资源，把商学院办成全体伍子醉家人的大学，为员工提供更多的学习和培训机会，提升伍子醉人的视野，使之获得更多的智慧，让员工的生活更有品位，更有幸福感、安全感和成就感。

四是要不断创新商学院管理方式方法，秉承勤学精进、知行合一的精神，致力于打造槟榔行业一流的商学院。

# 案例5
## 一切为了人才的成功

——行动大学

### 行动大学背景

行动大学由上海行动教育科技股份有限公司创办（见图26）。上海行动教育科技股份有限公司成立于2006年，经过十余年的深耕细作、稳健发展，行动教育得到了政府、企业与社会的高度认可，2015年获得了“高新技术企业”认证，并在全国中小企业股份转让系统正式成功挂牌（公司简称：行动教育　证券代码：831891），是中国第一家挂牌“新三板”的企业管理教育机构。

行动教育始终坚持“实效第一”，公司强大的研发团队汇聚了众多的管理大师，行业经验基本都在15年以上，形成了企业家教企业家的高品质实效教学模式；秉承“一米宽，一千米深”的经营理念，持续研发适合中国民营企业家的实效课程体系，从公开课到内训课再到咨询服务，形成了专、精、深的企业管理体系。

图 26

公司拥有自主研发的知识产权多达 210 项，发行了超千万册的管理书籍和音像制品，影响并改变了千万名中国企业家和管理者。目前已有超过 7 万家企业、13 万名企业管理者走进行动教育参加培训。

**累累硕果**

自“新兵连”开营以来（见图 27），共培养了近 500 位优秀营销经理，为公司的基层注入了新鲜血液。参加完新兵连的营销经理普遍业绩提升了 37.2%，同时带领团队业绩提升了 39.6%。

自“大将营”开营以来（见图 28），共培养了 300 多位优秀储备总监，为公司的中层管理提供了持续动力，参加完大将营的储备总经理普遍业绩提升了 45.2%，同时带领团队业绩提升了 31.39%。

图 27

图 28

自行动大学“将帅营”开营以来（见图 29），共培养了 50 多位优秀总经理，为公司的高层管理提供了持续动力，参加完将帅营的总经理普遍业绩提升了 34.62%，同时总经理培养了 300 余名优秀总监和 500 余名优秀营销经理。

图 29

自“大讲师”运营以来（见图 30），总部和分公司共培养了 50 多位优秀内训师，为公司的网络大学建设提供了基石。通过大讲师上传到行动大学网站的视频多达千条，为伙伴们的日常学习提供了学习内容和学习方法。

图 30

## 创办理念

### 愿景—— 成为最受尊敬的大学

- 推动国家职业教育
- 解决社会就业问题
- 引领行业良性发展
- 帮助客户创造价值
- 帮助员工获得成长

### 使命—— 让实效教育改变世界

| 实效第一 | 行为准则 |
| --- | --- |
| 简单直接 | 1.复杂事情简单化<br>2.做事抓重点<br>3.凡事成果量化，设定期限 |
| 精益求精 | 1.把一件事情做到第一<br>2.高标准严要求，持续反省和改进<br>3.咬定目标，绝不放弃 |
| 持续创新 | 1.每天对用户提供10倍以上价值的产品和服务<br>2.每周都有5小时以上价值的专题学习<br>3.每月至少一次主动变革，带来绩效突破性提升 |
| 超出期望 | 1.每月保证用户成果<br>2.给用户惊喜感<br>3.让用户重复使用 |
| 成为专家 | 1.10000小时的训练<br>2.用户交口称赞<br>3.对国家和社会有突出贡献 |

## 价值观——诚信为本

| 诚信为本 | 行为准则 |
| --- | --- |
| 绝不虚假 | 1.不说假大空话<br>2.说话做事有依据<br>3.为人正直 |
| 不找借口 | 1.100%担当责任<br>2.内向思维，不抱怨<br>3.对工作成果负责 |
| 有责任心 | 1.要求别人，自己先做到<br>2.第一次就把事情做好<br>3.有主人翁意识 |
| 坚守承诺 | 1.答应别人的事情，一定要做到<br>2.全力以赴达成既定目标<br>3.有敢于承担后果的勇气 |
| 值得信赖 | 1.做事独当一面<br>2.严于律己，尊重他人<br>3.利他爱人，凡事感恩 |

## 宗旨—— 培养实效企业家

校训—— 精进师范，知行合一

精进：提升品质、持续创新
师范：德高为师，身正为范
知行：知道并践行
合一：将能力和行为融入实践中

特色课程

行动大学针对内部不同职级、能级的员工，开发了四大课程：针对新员工培训的“新兵连”，把基层员工培养为中层干部的“大将营”，针对高层干部提拔与管理的“将帅营”，以及面向公司内部所有有志成为内训师的培训项目“大讲师”。以下是四大课程的专属教材。

| 项 目 | 必备知识与技能 | | | 课 题 |
|---|---|---|---|---|
| 新兵连（标准教材） | 职责篇 | 岗位职责与绩效指标 | 晋升渠道 | 顾问岗位说明书 |
| | 文化篇 | 企业文化价值观<br>价值观奖罚机制 | 价值观考核 | 企业文化价值观宣导<br>文化价值观落地机制 |
| | 信念篇 | 企图心<br>信心 | 责任心<br>恒心 | 狼性精神<br>决不放弃 |
| | 产品篇 | 产品架构<br>校长汇 | 赢利模式<br>倍增路径 | 赢利模式核心卖点<br>产品介绍逻辑与流程 |
| | 技能篇 | 销售七步<br>开单六件事 | 如何卖赢利 | 赢利成交——三张白纸法<br>销售七步法 |
| | 日常篇 | 行动日志与晨夕会<br>日常学习 | 日常销售<br>日常管理 | 行动日志填写规范<br>日常行为准则与制度 |

| 项 目 | | 必备知识与技能 | | 课 题 |
|---|---|---|---|---|
| 大将营（标准教材） | 职责篇 | 岗位职责与绩效指标 | 招人渠道与面试法宝 | 有效面试的5个方法 |
| | | 晋升渠道 | | 总监岗位职责书 |
| | 信念篇 | 荣誉 | 以身作则 | 绝对执行 |
| | | 责任 | 关爱 | 团队正能量 |
| | 团队篇 | 团队文化构建 | 新伙伴培训 | 有效激励 |
| | 管理篇 | 绩效管理 | 过程管理 | 过程管控的321工程 |
| | | 营销管理 | | 营销活动的策划 |
| | 营销篇 | 第一单 | 销讲课 | 实效的10个销售心理学 |
| | | 服务讲课 | 大客户开发服务 | 赢单九问 |
| | 客服篇 | 会场成交 | 顾问销售 | 用“心”服务 |
| | | 核心客户拜访 | 领导力 | 业绩是“访”出来的 |
| | | 对手与行业了解 | | 顾问式销售 |

| 项 目 | | 必备知识与技能 | | 课 题 |
|---|---|---|---|---|
| 将帅营（标准教材） | 职责篇 | 总经理定岗及岗位职责 | 绩效与电网机制 | 总经理岗位说明书 |
| | 信念篇 | 品格 | 感恩 | 百分百担当责任 |
| | | 大爱 | 忠诚 | 正能量 |
| | | 担当 | 荣誉 | |
| | 领导力篇 | 领导人定位 | 挑战现状 | 商业逻辑与风控 |
| | | 以身作则 | 使众人行 | 领导力模式 |
| | | 共启愿景 | 激励人心 | 打造团队“六个一” |
| | 班子篇 | 选人 | 留人 | 招才选将 |
| | | 育人 | 接人 | 企业商学院 |
| | | 用人 | 裁人 | 果断授权 |
| | 管理篇 | 绩效管理 | 品质管理 | 绩效飞轮 |
| | | 预算管理 | 成本控制 | 非财人员的财务管理 |
| | | 财务规划 | | 品质为王 |
| | 市场篇 | 活动管理 | 品牌建设 | 品牌的力量 |
| | | 新区域开发 | 竞争对手信息 | 大客户提案 |
| | | 大客户开发与服务 | 政府关系 | 政策趋势解析 |

<table>
<tr><th>项 目</th><th colspan="3">必备知识与技能</th><th>课 题</th></tr>
<tr><td rowspan="5">讲师培养（标准教材）</td><td>职责篇</td><td>岗位职责与绩效指标</td><td>晋升渠道</td><td>内训师岗位手册</td></tr>
<tr><td rowspan="2">修养篇</td><td>讲师礼仪</td><td>讲师形象</td><td rowspan="2">内训师的自我修炼</td></tr>
<tr><td>讲师心态</td><td>讲师境界</td></tr>
<tr><td rowspan="2">技能篇</td><td>公众演说</td><td>实习研发</td><td>实效研发三板斧</td></tr>
<tr><td>实效设计</td><td>实效授课</td><td>公众演说与呈现技巧</td></tr>
</table>

## 教育体系

行动大学的教育体系主要由内部讲师与多模式学习方式组成。

### 1. 行动大学讲师资质

<table>
<tr><th rowspan="3">职级</th><th colspan="4">认证资格</th><th colspan="4">课 题</th></tr>
<tr><th rowspan="2">年龄</th><th rowspan="2">专业经历</th><th rowspan="2">价值观评分</th><th rowspan="2">绩效达标</th><th colspan="4">专业评估</th></tr>
<tr><th>大讲师课题（个）</th><th>大讲师累计点击量（次）</th><th>现场授课（场）</th><th>学员评分</th></tr>
<tr><td>专家导师</td><td>35岁以上</td><td>10年以上</td><td>15分</td><td>—</td><td colspan="2">专业领域课题1~2个</td><td>50以上</td><td>92分以上</td></tr>
<tr><td>高级讲师</td><td>30岁以上</td><td>5年以上</td><td>13分以上</td><td>50%以上</td><td>6</td><td>100</td><td>30以上</td><td>90分以上</td></tr>
<tr><td>中级讲师</td><td>26岁以上</td><td>3年以上</td><td>13分</td><td>60%以上</td><td>4</td><td>60</td><td>20以上</td><td>88分以上</td></tr>
<tr><td>讲师</td><td>不限</td><td>2年以上</td><td>12分</td><td>80%以上</td><td>2</td><td>30</td><td>10以上</td><td>85分以上</td></tr>
</table>

## 2．教学模式

### 1）金字塔模式

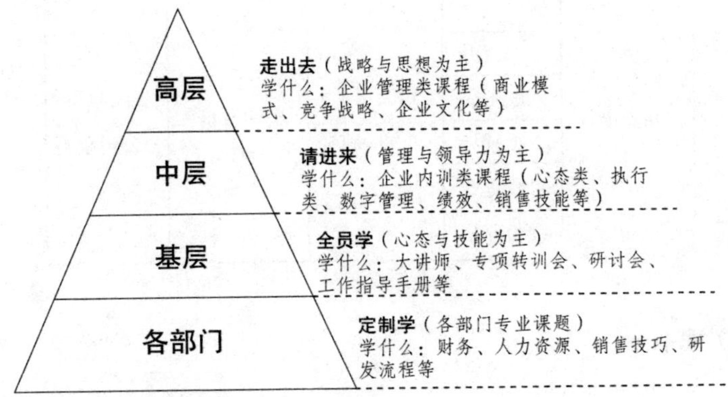


### 2）集中学模式

<table>
<tr><th>项 目</th><th colspan="3">课 题</th><th>学习时间</th><th>参训对象</th><th>学习模式</th><th>责任人</th></tr>
<tr><td rowspan="13">新兵连<br>（7天）</td><td>职责篇</td><td>岗位职责与绩效指标</td><td>晋升渠道</td><td rowspan="3">1天</td><td rowspan="13">1.新进员工<br>2.调岗员工</td><td rowspan="13">集中式</td><td rowspan="3">总政委/总经理标杆</td></tr>
<tr><td rowspan="2">文化篇</td><td>企业文化价值观</td><td>价值观考核</td></tr>
<tr><td>价值观奖罚机制</td><td></td></tr>
<tr><td rowspan="2">信念篇</td><td>企图心</td><td>责任心</td><td rowspan="2">1天</td><td rowspan="2">一线标杆</td></tr>
<tr><td>信心</td><td>恒心</td></tr>
<tr><td rowspan="2">产品篇</td><td>产品架构</td><td>赢利模式</td><td rowspan="2">1天</td><td rowspan="2">研发副总裁</td></tr>
<tr><td>校长汇</td><td>倍增路径</td></tr>
<tr><td rowspan="2">技能篇</td><td>销售七步</td><td>如何卖赢利</td><td rowspan="2">2天</td><td rowspan="2">总监标杆</td></tr>
<tr><td>开单六件事</td><td></td></tr>
<tr><td rowspan="2">日常篇</td><td>行动日志与晨夕会</td><td>日常销售</td><td rowspan="2">2天</td><td rowspan="2">总监标杆</td></tr>
<tr><td>日常学习</td><td>日常管理</td></tr>
</table>

3）日常学模式

| 项目 | 课　题 | 学习时间 | 参训对象 | 责任人 |
|---|---|---|---|---|
| 行动大讲师 | 紧贴业务 | 每天早上 8:30–9:15 | 公司全员 | 集团政委 分公司政委 |
| | 能力提升 | | | |
| | 问题解决 | | | |
| | 专项辅导 | | | |
| | 自我提升 | | | |
| | 经验分享 | | | |

4）读书会

| 项目 | 内容 | 学习时间 | 参训对象 | 责任人 |
|---|---|---|---|---|
| 读书会 | 每月每个分公司/部门选一本书，进行阅读分享 | 每月第二周的周二下午 15:00–17:30 | 1.行动教育分校长级别<br>2.子公司副校长级别<br>3.分校长、政委 | 校长 |

创办初心

- 在短期的1~3年内，建立起相对完善的知识体系、教育体系与管理体系，把行动大学打造成内部的专业人才培养机构，满足集团内部的人才需求，形成企业的自我造血机制。
- 讲自己所做，做自己所讲。在3~5年内，持续探索适合中国民营企业的实效人才管理与培养体系，形成专、精、深的教育体系，把行动大学升级为教育培训行业的一流学院。

- 未来，我们以成为世界级实效管理大学为目标，整合行业资源，成为行业标杆，输送专业培训人才，推动中国职业化教育，助力中国民营经济发展。

**经验之谈**

- 人才永远是一号工程：拥有一流人才，是一个组织成功的先决条件。因此，无论企业发展到哪一阶段，首要的任务是培养人才、复制人才，把企业大学的建设放在战略位置。
- 一切为学习让路：先排好年度学习计划，再制定年度工作规划。每年的第一个月，行动大学要求全员制订“个人学习成长计划”，详细列出阅读书目、进修的内外部课程，同时为全员设计学习内容，启动人才生产线。学习不能止于计划，要靠制度保障落地实行。
- 一把手工程：董事长、高层领导亲自组织各项学习活动，亲自参与授课，亲自抓教学质量，亲自实施奖惩……高层领导的参与越有深度，学习越有效果，行动大学才能发展得更加方向明确，持续精进，成为行业一流。

# 结　语

## 十年树木，百年树人

如果想要种好一棵树，最好从什么时候开始？

十年前，或者现在。

如果企业想要培养人才，最好从什么时候开始？

从企业设立之初，或者现在。

随着经济的发展、科技的创新，市场上的竞争日趋激烈。聪明的企业家不难发现，一切竞争的实质，都是人才之争。

人才是企业之本，是企业最重要的资源、最核心的资产、最骨干的力量。一家企业，有了优秀的人才，就拥有了实力，拥有了制胜的法宝，拥有了美好的未来。

正如一棵树，一定是在漫长的岁月中，坚持不断地吸收养分，历经风雨而屹立如初，最终才能长大成材。

人才的培养也是一项旷日持久、持续进行的战略工程。企业需要积极探索人才培养的新战略、新路径、新方法，建立科学的人才复制体系，不断地优化企业的人才结构，壮大企业人才队伍，为企业的发展提供强有力的动力支持。

李践老师在多年的企业经营中，深深体会到“唯有人才的成功，才有企业的成功”。他创办行动教育，将企业的发展与人才的培养合二为一，“企业学校化，领导导师化”，办起行动大学，研发完善的课程体系，创立规范的学习制度，鼓励、督促员工学习，不遗余力地推进人才培养与复制的工作。

在这样的经营理念下，行动教育由一家公司复制为32家，由4个团队复制成上百个团队，经由人才的复制，实现了企业从1到100的复制！

在本书中，记录有创办行动大学的经验，更有多年来我们的团队持续研究企业大学的成果。本书从如何设立企业大学（企业的人才生产线）的战略开始，详细地阐述了如何对标设定人才的复制标准，如何通过盘点进行人才的规划，如何搭建人才培养的教学班子，如何配套人才培养的激励机制，如何进行人才复制的科学路径等，通过翔实的案例、实效的方法论及工具模板，使书中的理论变得容易理解，方法更加便于借鉴与落地使用。

本书的出版，得到了奇盛科技、海利集团、味千中国、伍子醉等客户的大力支持，它们无私地提供了各自建设商学院的成功经验，让人从中深受启发，在此一并致以诚挚的感谢。

正所谓“十年树木，百年树人”，如果你的企业正在构思、着手或者执行人才培养计划，追逐百年基业的梦想，愿你能从本书中收获一二，助力企业的人才复制工作更上一层楼！

# 《从1到100的人才复制》私享会会员名单

致谢《从1到100的人才复制 》私享会会员！

他们是本书理念的践行者，他们熟练运用“德、才、岗”胜任力模型、三教合一、打造首席学习官、LTPC学习路径等方法，建立了企业的人才生产线，感谢他们的支持和参与！他们是陈燕胜、戴有国、任献珍、冯明红、甘敏青、杨惠芳、王海春、陈岱军、曾元龙、马清雄、王秀丽、钟成发、王飞飞、马海波、孙博雅、李杰以及以下各位：

## 李儒昌

认为“时间见证品质，信誉赢得未来”，广东昌华海利科技有限公司董事长。公司创建于1990年，主要产品有不锈钢建筑装饰用管、不锈钢五金配件等，广泛应用于各类建筑。公司先后荣获“广东省名牌产品”“广东省制造业百强企业”等荣誉称号。

## 刘 琼

认为“圣者济世，爱心养生”，华龙圣爱中医集团有限公司董事长、圣爱中医馆创始人、世界中医药学会联合会中医药文化专业委员会副会长。圣爱中医馆是集中医文化、中医医疗、中医养生、中医教育、中医研究为一体的集团化大型连锁中医医疗机构。

## 杜战胜

认为“电梯是个良心活，值得我们毕生奉献”，河南奇盛科技有限公司总经理。奇盛公司成立于2004年，是河南省最大的集电梯销售、安装、改造和维修保养为一体的集团型电梯公司。公司始终坚持“诚信、专注、共赢”的行为准则，精诚合作，直面挑战，共襄盛举，再创奇迹！

## 宋文明

认为“要经营一家被人尊敬的企业”，广州奥比亚皮具实业有限责任公司董事长。公司成立于2003年，成功打造皮具行业第一所企业大学。公司集研发、设计、生产、品牌营销于一体，创造了引领时尚、风靡迪拜的国际知名民族品牌SUSEN，率先制定了手袋行业的工艺标准，成为“一带一路国际高峰论坛”国家级商务活动的指定供应商之一。

## 屠英仙

认为“抱一为天下式”，杭州百一腾汽车集团创始人兼总裁。百一腾集团创始于1994年，是以汽车销售服务为主的综合性集团公司，主营一汽-大众等品牌。业务涵盖汽车服产业生态，布局横跨钱塘江两岸，覆盖浙江省境。

## 郭志光

认为“成功=学习+总结+坚持不懈”，湖南口味王集团有限责任公司董事长。公司创始于2000年6月，是以加工生产槟榔为主体的大型农产品加工企业，产品畅销全国30多个省市，连续数年全国销量遥遥领先。

## 肖国亮

认为“放眼世界，承担责任”，上海远本建筑工程有限公司董事长。专注工程施工30年，经验丰富，施工团队最优，并将加大新技术、新工艺的科技投入，走高端市场，做精品工程、鲁班奖工程。

## 金容慧

认为“发光并非太阳的专利，你也可以发光”，东莞市青之森礼品有限公司总经理。公司为独立外资企业，主要经营动漫版权、动漫礼品、动漫服装、动漫塑胶以及生活用品，公司已通过ISO质量管理体系认证、ICTI国际玩具协会认证、Disney认证、USJ认证。

## 陶方东

认为“正念，正知，正道，正言，正行，方能致远”，西安洪大洲贸易有限公司总经理。西安洪大洲贸易有限公司成立于2016年，主要经营家用电器、厨房设备用具、家居和陶瓷用品、净水设备的销售以及咨询售后；文化艺术活动的策划承办；企业管理咨询等。

## 肖文涛

尚凝集团董事长，湖北省天门市人大代表。2014年创办广东尚凝控股集团有限公司，下设投资管理、健康产业、互联网科技、医药生物等 20 余家子公司。旗下广东百姓堂健康产业有限公司是大型互联网健康管理公司，专注于健康产品与服务。

## 吕春峰

认为“沉淀浮华，专心一事”，上海五优礼品有限公司总经理。做一个行业的风向标，既是挑战又是源源不断的动力，我们立志成为奖杯定制新品牌，为企业和各单位提供便捷、高效、专业的品质服务！

## 付 雷

认为“用心做人，用心做事”，广州格度服饰有限公司董事长。男士高级服饰品牌[GD&ZS]锐意创新，集设计、研发、生产、市场营运为一体，塑造现代男士别具一格的优雅风范，在全国成功开设直营及加盟专卖终端200余家。

## 行动教育实效管理教材系列 1

| 封面 | 教材名称 | 内容简介 | 扫码购买 |
| --- | --- | --- | --- |
|  | 《以负开始》 | “互联网+”时代，传统行业必须重构“杀手级”商业模式，在负环境下动力再启。本书是李践与1 220位企业家“互联网+平台”战略实践的总结，帮助传统企业找到转型升级的路径！ |  |
|  | 《效率改变中国》 | 本书揭示了“效率”秘密——“效率两翼图”，让企业找到突破增长瓶颈的路径，全书十大原创观点和七大思维模型，为企业导入效率DNA，建立效率系统。 |  |
|  | 《傻认真》 | 认真的极致是执着，执着的极致是成功。“傻认真”不仅是一种职业精神、一种品质，更是一个伟大企业的基因。 |  |
|  | 《效率教练》 | 在互联网经济时代，效率成为制约成败的关键因素。管理者需要掌握教练技术，成为效率教练。本书包含了五项管理效率系统的实践方法，为企业培育高水准的效率教练。 |  |
|  | 《高绩效人士的五项管理》 | 图文并茂，通俗易懂，教你如何会做人、做对事，是职场人士的基本能力书。 |  |
|  | 《28天绩效能力倍增》 | 本书是五项管理的实践手册，以随书教练的方式，用最简洁的语言，最轻松的图文，带领你度过不一样的28天，让你具备成功人士的基本能力。 |  |
|  | 《招才选将》 | 企业成功的第一步是选对人，选对人才能出成果。选什么样的人、如何选人是企业老板和人力资源部门面对的首要问题。 |  |
|  | 《砍掉成本》白金版 | 用战士的语言讲述战斗，简单直接、句句实用，增加利润从降低成本开始。 |  |
|  | 《定价定天下》升级版 | 高成本时代，谁掌握定价策略，谁将获得最大利润！ |  |

## 行动教育实效管理教材系列 2

| 封面 | 教材名称 | 内容简介 | 扫码购买 |
| --- | --- | --- | --- |
|  | 《管理越简单越有效》 | 图文并茂，为企业和管理者们提供了一系列化繁为简的方法和工具，教你如何理解简单、做到简单。 |  |
|  | 《解码转型》 | 引领企业商业模式升级三大路径、互联网+创新和转型，企业竞争四大层级，转型方法论及实操案例，适合高管读书会。 |  |
|  | 《营销诡道》 | 成长型企业市场销售谋略实录，全过程，低成本，快营销，出奇制胜营销系统建立，七大武器客户是操作案例适合全员读书会。 |  |
|  | 《日经营》 | 增长的终极密码，组织变革的精髓日经营三步曲及落地方法，适合全员读书会。 |  |
|  | 《财务三驾马车》 | 一眼看穿运营风险3大关键数字，一针见血作对决策10大核心工具，一劳永逸轻松管理，通过财务管控提升企业盈利能力，资产效率，降低经营风险，适合高管读书会。 |  |
|  | 《成交攻略口袋书》 | 找对客户，接触客户，感动客户，成交客户，服务客户 适合销售全员学习。 |  |
|  | 《绩效增长》 | 增利润，挖潜能，建系统，向绩效管理要利润的中国实践 适合高管读书会。 |  |
|  | 《决不销售》 | 来自一线，真诚务实分享方法，想销售屡遭拒绝，想成交一无所获，客户到底想要什么，答案就在书中，适合销售全员学习。 |  |
|  | 《一句话改变一生口袋书》 | 态度决定胜负，思维改变命运，坚持成就梦想，挫折铸就成功，创新创造机会，适合全员学习。 |  |

# 行动教育实效管理教材系列 3

| 封 面 | 教材名称 | 内容简介 | 扫码购买 |
| --- | --- | --- | --- |
| | 《组合激励》 | 江竹兵老师历经20年对1 000多家企业激励模式的研究发现，激励不单是激励系统，而是以组合激励为核心的激活系统！本教材通过文化＋机制两大系统，票子，面子，位子三大维度深入解析激励组合，使企业绩效激励首选教材。 | |
| | 《中国好员工》 | 员工效率的提升，才是企业高增长的有力保障。本教材集“听说做”三位一体，现场视频学习+现场分享+课后考试，当场看到员工培训效果，帮助企业建立完善的学习培训系统！ | |
| | 《互联网时代商业模式创新》 | 互联网浪潮扑面而来，传统企业应该如何重新选择战略定位？如何重新进行资本设计？如何重新构建商业模式？如何重新进行组织创新？本教材指出了一系列切实可行的方法和路径！ | |
| | 《提升品质》 | “品质”是企业的生命线，重视品质、提升品质是强企之本、强国之根。李践通过多年企业实践，总结出15个提升品质的具体方法，一听就明白，一用就见效！ | |
| | 《中国好主管》 | 本教材是李践老师培养核心高管的内部教材，从数字思维、带团队和做决策三个角度，全面提升主管的管理能力，实战、高效！ | |
| | 《成本领先战略》 | 让企业从无利润到有利润，从低利润到高利润的战略路径，适合高管学习。 | |
| | 《绩效的力量》 | 让每个岗位成为利润的发动机，四大飞轮系统案例落地，实操工具方法，适合高管学习。 | |
| | 《引爆利润三部曲》 | 《引爆利润三部曲》主讲付小平导师从根源上纠正企业家，管理者对财务管理的错误认知，并充分地运用大财务管控系统作为工具，最终帮助企业实现股东投资回报率最大化我所定义的大财务管控系统，是一个纵深的概念，3个层面环环相扣，渐次展开。 | |
| | 《招才选将》 | 人才招选前守好入门关，招选中广招慎选，招选后后三大协议，提供招选流程，渠道，方法，人才胜任力模型，人才评估标准。适合高管和人力资源学习。 | |